DICTIONNAIRE PRATIQUE

DE

DROIT COMPARÉ

PREMIÈRE PARTIE

LÉGISLATIONS EUROPÉENNES

PAR

Hector Lambrechts,

DOCTEUR EN DROIT, ATTACHÉ AU MINISTÈRE DE L'INDUSTRIE ET DU TRAVAIL DE BELGIQUE

avec le concours de MM.

Démètre Alexandresco, Ancien Secrétaire Général au Ministère de la Justice, professeur à la Faculté de droit de Jassy (Roumanie).

Arsène Laurent, docteur en droit, professeur à la Faculté catholique de Paris (France).

Chevalier **O. Q. van Swinderen,** docteur en droit, juge au tribunal de 1re Instance à Groningue (Pays-Bas).

Hector de Rolland, docteur en droit, avocat général près le Tribunal Supérieur de Monaco (Principauté).

(*Voir suite au verso.*)

BRUXELLES
SOCIÉTÉ BELGE DE LIBRAIRIE
Oscar SCHEPENS et Cie, Éditeurs
16, Rue Treurenberg, 16

LA HAYE
BELINFANTE FRÈRES, Éditeurs
Wagenstraat, 100-102

BERLIN
PUTTKAMMER & MUHLBRECHT
64, Unter den Linden

PARIS
CHEVALIER-MARESCQ & Cie, Éditeurs
Rue Soufflot, 20

Edoardo Cabella, avocat à Gênes (Italie).

Dr **Arthur Freund,** avocat près la Cour d'appel à Vienne (Autriche).

Auguste Liger, avocat à Luxembourg (Grand-Duché).

John Mac Mahon, avocat à Londres.

E. Richter, Justizrath Coblenz (Pr. Rhénane).

Dr **H. Koch,** Regierungs Assessor à Posen (Prusse).

E. R. Salem, avocat à Salonique (Turquie).

Mario Pinheiro Chagao, avocat à Lisbonne (Portugal).

Etienne de Sobilewski, avocat à Varsovie (Pologne Russe).

A. Hindenburg, avocat près la Cour Suprême à Copenhague (Danemark).

S. Daneff, docteur en droit à Sofia (Bulgarie).

V. Velicovics, Secrétaire Général au Ministère des Finances à Belgrade (Serbie).

Georges Callispérès, professeur à l'université à Athènes (Grèce).

PAYS-BAS

DICTIONNAIRE PRATIQUE

DE

DROIT COMPARÉ

PREMIÈRE PARTIE

LÉGISLATIONS EUROPÉENNES

PAR

Hector Lambrechts,

DOCTEUR EN DROIT, ATTACHÉ AU MINISTÈRE DE L'INDUSTRIE ET DU TRAVAIL DE BELGIQUE

avec le concours de MM.

Démètre Alexandresco, Ancien Secrétaire Général au Ministère de la Justice, professeur à la Faculté de droit de Jassy (Roumanie).

Arsène Laurent, docteur en droit, professeur à la Faculté catholique de Paris (France).

Chevalier **O. Q. van Swinderen,** docteur en droit, juge au tribunal de 1re Instance à Groningue (Pays-Bas).

Hector de Rolland, docteur en droit, avocat général près le Tribunal Supérieur de Monaco (Principauté).

(*Voir suite au verso.*)

BRUXELLES
SOCIÉTÉ BELGE DE LIBRAIRIE
Oscar SCHEPENS et Cie, Éditeurs
16, Rue Treurenberg, 16

LA HAYE
BELINFANTE FRÈRES, Éditeurs
Wagenstraat, 100-102

BERLIN
PUTTKAMMER & MUHLBRECHT
64, Unter den Linden

PARIS
CHEVALIER-MARESCQ & Cie, Éditeurs
Rue Soufflot, 20

Edoardo Cabella, avocat à Gênes (Italie).

Dr **Arthur Freund,** avocat près la Cour d'appel à Vienne (Autriche).

Auguste Liger, avocat à Luxembourg (Grand-Duché).

John Mac Mahon, avocat à Londres.

E. Richter, Justizrath Coblenz (Pr. Rhénane).

Dr **H. Koch,** Regierungs Assessor à Posen (Prusse).

E. R. Salem, avocat à Salonique (Turquie).

Mario Piuheiro Chagao, avocat à Lisbonne (Portugal).

Etienne de Sobilewski, avocat à Varsovie (Pologne Russe).

A. Hindenburg, avocat près la Cour Suprême à Copenhague (Danemark).

S. Daneff, docteur en droit à Sofia (Bulgarie).

V. Velicovics, Secrétaire Général au Ministère des Finances à Belgrade (Serbie).

Georges Callispérès, professeur à l'université à Athènes (Grèce).

PAYS-BAS

§ I. Naissance.

Afin de bien saisir les dispositions légales concernant la naissance et d'en traiter dans un ordre régulier, il est nécessaire de commencer par celles qui portent un caractère international.

La loi du 12 Décembre 1892 (*Bulletin des lois*, N° 268) ***sur l'état de Néerlandais et de domicilié***, entrée en vigueur le 1er Juillet 1893, dispose ainsi :

Art. 1. — Sont Néerlandais par naissance :

a) Les enfants légitimes, légitimés ou naturels reconnus par leur père, lorsque le père possède au moment de la naissance la qualité de Néerlandais ;

b) L'enfant légitime d'un Néerlandais, décédé dans les trois cents jours avant la naissance de l'enfant ;

c) L'enfant naturel reconnu seulement par la mère, lorsque la mère possède au moment de la naissance la qualité de Néerlandaise ;

d) L'enfant naturel non reconnu par le père, ni par la mère, s'il est né dans le Royaume.

Art. 2. — Sont aussi Néerlandais :

a) L'enfant, dont le père ou la mère (selon les distinctions établies dans l'art. 1), domiciliés dans le Royaume, sont eux-mêmes nés d'une mère habitant le Royaume ; à moins qu'il ne soit démontré que l'enfant appartient comme étranger à un autre pays.

b) L'enfant exposé ou abandonné dans le Royaume, aussi longtemps que sa descendance, comme enfant légitime, légitimé ou reconnu, n'est pas démontrée.

Art. 3. — L'état de Néerlandais par naturalisation est acquis par l'entrée en vigueur de la loi par laquelle elle est accordée.

Pour chaque naturalisation cent florins sont dus à la caisse nationale.

Celui qui fait la demande pour être naturalisé présente en même temps que sa requête la preuve :

1° qu'il est majeur dans le sens de la loi Néerlandaise ;

2° qu'il a perdu antérieurement la qualité de Néerlandais ou qu'il a eu pendant les derniers cinq ans son domicile ou sa résidence principale dans le Royaume, ou dans ses colonies ou possessions d'outre-mer ;

3° qu'il a versé chez un receveur de l'enregistrement la somme de cent florins.

Lorsque le demandeur appartient à un autre pays, on peut exiger qu'il apporte la justification, que la législation de ce pays ne s'oppose pas à sa naturalisation en Néerlande.

Dans le cas où la naturalisation ne serait pas accordée, la somme versée est restituée au demandeur.

Art. 4. — La naturalisation peut être accordée également pour des raisons d'Etat. Alors l'article 3 n'est pas applicable.

La loi, par laquelle elle est accordée, règle dans chaque cas particulier les conditions requises.

Art. 5. — La femme suit pendant le mariage l'état de son mari. Une demande de naturalisation ne peut pas être faite par une femme mariée. La naturalisation, accordée au mari, s'étend de droit à la femme.

Après la dissolution du mariage l'article 8 ou 9 est applicable.

Art. 6. — L'enfant légitime ou légitimé d'un père naturalisé, né avant sa naturalisation, de même que l'enfant naturel reconnu par son père naturalisé, est considéré comme étant aussi naturalisé et conserve l'état de Néerlandais, jusqu'à ce qu'il exprime sa volonté, après avoir atteint sa majorité dans le sens de la loi Néerlandaise, de n'être plus compris dans la naturalisation, pourvu qu'il en fasse la déclaration dans l'année au bourgmestre ou au chef du gouvernement local de son dernier domicile dans le Royaume ou dans ses colonies ou possessions d'outre mer, ou à l'ambassadeur Néerlandais, ou à un fonctionnaire Néerlandais consulaire dans le pays où il demeure.

La même règle trouve son application par rapport à l'enfant légitime ou légitimé, lorsque la mère, devenue veuve, a été naturalisée, et par rapport à l'enfant naturel, reconnu seulement par sa mère et né avant sa naturalisation.

Art. 7. — L'état de Néerlandais se perd :

1° Par la naturalisation dans un pays étranger, ou, s'il s'agit d'un mineur, par la naturalisation de son père ou de sa mère, selon les distinctions établies dans l'article 1 ;

2° Par le mariage de la femme Néerlandaise avec un étranger ;

3° Par l'acquisition d'une nationalité étrangère par la volonté de l'acquéreur ;

4° Par l'enrôlement dans une armée de terre ou de mer étrangère ou en acceptant une charge quelconque d'un État étranger ;

5° Par l'établissement pendant dix années consécutives de son domicile hors du Royaume et de ses colonies ou possessions d'outre mer ; à moins que l'absent ne déclare sa volonté de conserver la nationalité néerlandaise, avant que ce terme soit écoulé, au bourgmestre ou au chef du gouvernement local de sa dernière résidence dans le Royaume ou dans ses colonies ou possessions d'outre mer, ou à l'ambassadeur ou agent consulaire Néerlandais dans le pays où il habite.

Le terme de dix années recommence à courir du jour où la communication a été reçue.

Pour les mineurs le terme de dix années commence à courir au jour de leur majorité dans le sens de la loi Néerlandaise.

Art. 8. — La femme, qui a perdu la qualité de Néerlandaise à la suite de son mariage, la recouvre par la dissolution du mariage, pourvu qu'en déans l'année elle manifeste sa volonté au bourgmestre ou au chef du gouvernement local de son domicile dans le Royaume ou dans ses colonies ou possessions d'outre mer, ou à l'ambassadeur ou agent consulaire Néerlandais dans le pays où elle demeure.

Art. 9. — La femme, qui par son mariage a acquis l'état de Néerlandais, le conserve après la dissolution du mariage, à moins qu'en déans l'année elle ne manifeste une volonté contraire au bourgmestre ou au chef du gouvernement local de sa dernière résidence dans le Royaume, ou dans ses colonies ou possessions d'outre mer, ou à l'ambassadeur Néerlandais ou à un fonctionnaire Néerlandais dans le pays où elle demeure.

Art. 10. — L'enfant légitime, légitimé ou naturel reconnu d'un Néerlandais, né avant que celui-ci ait été naturalisé dans un autre pays, et qui perd ainsi la qualité de Néerlandais, peut la recouvrer par une déclaration faite en déans l'année de sa majorité au bourgmestre ou au chef du gouvernement local de son domicile dans le Royaume, ou dans ses colonies ou possessions d'outre mer ou à l'ambassadeur ou agent consulaire Néerlandais dans le pays où il demeure.

La même règle s'applique par rapport à l'enfant légitime ou légitimé, si la mère, devenue veuve, avait été naturalisée dans un autre pays et par rapport à l'enfant naturel, reconnu seulement par sa mère, qui avait été naturalisée dans un autre pays.

Art. 11. — Une fois par an le Ministre de la Justice promulgue dans le Bulletin des Lois les communications faites en vertu de la présente loi à l'étranger.

Art. 12. — Tous ceux qui ne possèdent pas la qualité de Néerlandais en vertu de la présente loi sont étrangers.

Art. 13. — Ont qualité de domiciliés ceux qui ont actuellement et depuis les dix-huit mois précédents leur domicile dans le Royaume, ou dans ses colonies ou possessions d'outre mer.

Art. 14. — L'état de domicilié du Royaume cesse par l'établissement du domicile hors du Royaume.

Art. 15. — Le mineur (dans le sens de la loi Néerlandaise) dont le père ou tuteur a la qualité de domicilié dans le Royaume, est considéré comme tel.

Devenu majeur, il conserve l'état de domicilié dans le Royaume, s'il y établit son domicile.

Art. 16. — Les dispositions concernant des lois spéciales, l'état de domicilié, n'ont de vigueur que pour autant qu'il s'agit des matières spécialement traitées dans ces lois.

Disposition transitoire.

A l'exception de ceux qui sont considérés dans les Indes Néerlandaises en vertu de la loi du 2 Septembre 1854 (*Bulletin des Lois* n° 129) comme nationaux (inlanders) ou comme des personnes assimilées à ceux-ci (met dezen gelyk gestelden), ceux qui possédaient la qualité de Néerlandais au moment de l'entrée en vigueur de la présente loi, sont Néerlandais dans le sens de cette loi, jusqu'à ce qu'ils perdent cette qualité. Pour ceux qui à ce moment ont leur domicile hors du Royaume et de ses colonies ou possessions d'outre mer, le terme de dix ans, dont parle l'article 7 n° 5e commence à courir dès cet instant.

Celui qui au moment où la présente loi entre en vigueur, est né dans le Royaume de parents qui n'y sont pas établis et qui n'a pas atteint l'âge de 24 ans, pourra acquérir la qualité de Néerlandais s'il déclare en déans l'année de sa majorité légale, son intention de vouloir y habiter, au bourgmestre de son domicile.

Par rapport aux étrangers, qui au moment où cette loi entre en vigueur, ont satisfait à l'article 8 du Code civ., pour ce qui regarde l'application du droit civil et de l'article 14 de la loi du 13 Août 1849 (*Bulletin des Lois* n° 29), modifié par la loi du 6 Avril 1875 (*Bulletin des Lois* n° 66), l'assimilation aux Néerlandais reste maintenue, aussi longtemps qu'ils conservent leur domicile dans le Royaume.

DISPOSITION FINALE.

Sauf ce qui a été déterminé dans la disposition transitoire qui précède, sont abolis au moment de l'entrée en vigueur de cette loi les articles 5 jusques et y compris 12, formant le titre suivant du livre premier du Code civ., et les lois du 28 juillet 1850 (*Bulletin des Lois*, n° 44) et du 3 Mai 1851 (*Bulletin des Lois*, n° 46), comme aussi la loi du 21 Décembre 1850 (*Bulletin des Lois*, n° 75.).

Dans les lois où il est question de Néerlandais, soit selon le Code civil, soit selon la loi en exécution de l'article 7 de la Constitution (lois du 28 juillet 1850, *Bulletin des Lois*, n° 44) et du 3 Mai 1851, (*Bulletin des Lois*, n° 46) les mots « Néerlandais selon le Code civil » sont remplacés par : « Néerlandais selon la loi sur l'état de Néerlandais et l'état « de domicilié », excepté dans l'article 22 de la loi du 6 Avril 1875 (*Bulletin des Lois*, n° 66), dans lequel les mots « selon le Code civil » sont remplacés par « selon la loi sur l'état de « Néerlandais et l'état de domicilié, comme aussi ceux qui « sont nés dans les colonies ou possessions Néerlandaises « d'outre mer de parents qui y sont établis ».

Cette loi entre en vigueur le 1 juillet 1893.

La loi, dont je viens de communiquer le texte, doit son origine à la considération qu'il était désirable, voire même urgent de remplacer le titre du Code civil : « Des Néerlandais et des étrangers », ainsi que la loi du 28 juillet 1850 (*Bulletin des Lois*, n° 44), modifiée par celle du 3 Mai 1851 (*Bulletin des Lois*, n° 46), par des dispositions générales se rapportant à l'état de Néerlandais. Pour satisfaire à l'article 6 de la Constitution, la loi devait déclarer aussi « qui sont des domiciliés », et régler les suites de la naturalisation par rapport au conjoint et aux enfants mineurs.

Passons à présent aux dispositions qui portent un caractère national.

Un enfant, dont une femme est enceinte, est considéré comme déjà né, aussi souvent que son intérêt l'exige.

L'enfant mort-né est réputé n'avoir jamais vécu (3 C. civ.).

Les déclarations de naissances devront être faites dans les trois jours après l'accouchement à l'officier de l'état civil local (1), et en présence de deux témoins. Ce fonctionnaire en rédigera sur-le-champ un acte.

Il a la faculté d'exiger que l'enfant lui soit présenté (2). (29 C. civ.)

La déclaration de la naissance d'un enfant devra être faite par le père, ou, à son défaut, par les médecins, chirurgiens, accoucheurs, sages-femmes ou autres personnes ayant assisté à l'accouchement ; et lorsque la mère est accouchée hors de sa demeure, la déclaration devra être faite par la personne dans la maison de laquelle elle est accouchée (30 C. civ.).

L'acte de naissance mentionnera :

1° l'an, le jour, l'heure et le lieu de la naissance ;

2° le sexe de l'enfant et les prénoms qui lui seront donnés ;

3° les prénoms et noms, la profession et le domicile des parents ;

4° les prénoms et noms, l'âge, la profession et le domicile des déclarants et des témoins (31 C. civ.).

Lorsque l'enfant est né hors mariage, il n'est pas permis de mentionner le nom du père dans l'acte, à moins qu'il ne reconnaisse l'enfant, soit en personne, soit par un mandataire, spécialement nommé à cette fin par un acte authentique (32 C. civ.).

Quiconque a trouvé un enfant nouveau-né, est obligé d'en faire la déclaration à l'officier de l'état civil de la localité où il a été découvert ; il présentera également les habits et autres objets qui pourraient avoir été trouvés près de l'enfant, et

(1) De tels officiers se trouvent dans chaque commune, non pas dans chaque localité.

(2) Cette disposition n'est jamais appliquée.

communiquera toutes les circonstances concernant le temps et le lieu où l'enfant a été découvert.

Le procès-verbal qui en sera rédigé doit mentionner en sus l'âge probable de l'enfant, son sexe, les signes spéciaux qu'il pourrait avoir, les noms, qu'on lui donnera, ainsi que l'établissement où il a été placé. Ce procès-verbal doit être inscrit sur le registre des naissances (33 C. civ.).

Lorsque l'enfant a été reçu immédiatement dans un établissement, la déclaration mentionnée dans l'article précédent devra être faite par le chef ou l'un des gens de service de cet établissement (34 C. civ.).

Lorsqu'un enfant est né au cours d'un voyage en mer, l'acte de naissance doit être inscrit dans les vingt quatre heures par le capitaine du vaisseau sur le journal de bord, en présence du père, lorsque celui-ci se trouve à bord, et de deux témoins se trouvant sur le vaisseau (35 C. civ.).

Dans le premier port où le vaisseau abordera, lorsqu'il est situé dans le royaume, le capitaine du vaisseau sera obligé de faire parvenir au département de la marine un extrait du journal de bord, contenant l'annotation de la naissance de l'enfant.

Lorsque le bâtiment est entré, soit dans une des possessions d'outre-mer de l'Etat, soit dans un port étranger, l'extrait mentionné ci-dessus sera expédié, dans le premier cas, au chef du gouvernement Néerlandais dans cette possession ; dans le second cas, au consul Néerlandais, établi dans ce port ou dans la localité la plus voisine ; et alors ceux-ci sont obligés de conserver cet extrait dans leurs archives, et d'en faire parvenir une copie légalisée par eux au département de la marine. Sans préjudice de cette disposition, le capitaine du vaisseau est tenu d'agir comme il a été prescrit dans le premier alinéa de cet article, au moment du retour du bâtiment dans le royaume (36 C. civ.).

Le chef du département de la marine enverra cet extrait, légalisé par lui, à l'officier de l'état civil du domicile du père de l'enfant, ou de sa mère, si le père est inconnu.

L'officier de l'état civil est obligé d'inscrire le dit extrait immédiatement sur les registres et de l'y annexer (37 C. civ.).

L'acte de reconnaissance d'un enfant, rédigé par l'officier de l'état civil, doit être inscrit selon sa date sur les registres ; il sera fait mention de cette reconnaissance à côté de l'acte de naissance, lorsqu'il existe.

Lorsque la reconnaissance d'un enfant est faite par un autre acte authentique, chaque intéressé peut exiger qu'il en soit fait mention à côté de l'acte de naissance.

Dans aucun cas, l'omission de l'annotation d'une reconnaissance à côté de l'acte de naissance ne peut être opposée à l'enfant, pour attaquer son état acquis.

Le titre 13 du livre I du Code civil traite de la paternité et de la filiation.

La première partie (articles 305-326) traite des enfants légitimes, la seconde partie (articles 327-334) de la légitimation d'enfants naturels, et la troisième partie (articles 335-344) de la reconnaissance d'enfants naturels.

Ce titre est de la teneur suivante :

L'enfant, né ou procréé pendant le mariage, a le mari pour père (305).

La légitimité d'un enfant né avant le cent-quatrevingtième jour du mariage, peut être contestée par le mari. Toutefois le désaveu ne pourra pas avoir lieu dans les cas suivants :

1° lorsque le mari a eu connaissance de la grossesse avant le mariage ;

2° lorsqu'il a été présent à la rédaction de l'acte de naissance, et que cet acte a été signé par lui, ou contient une déclaration par lui faite qu'il ne peut pas signer ;

3° lorsque l'enfant n'est pas né vivant (306).

Le mari peut nier la légitimité de l'enfant, lorsqu'il prouve qu'il a été dans l'impossibilité naturelle d'avoir commerce avec sa femme depuis le trois centième jusqu'au cent-quatrevingtième jour avant la naissance de l'enfant, soit pour cause d'absence, soit par suite de quelque accident.

Le mari ne peut pas nier que l'enfant est le sien, en invoquant son impuissance naturelle (307).

Le mari ne peut pas nier la légitimité de l'enfant pour cause d'adultère, à moins que la naissance ne lui ait été tenue cachée ; et dans ce cas, il sera admis à fournir la preuve complète qu'il n'est pas le père de l'enfant (308).

Il peut nier la légitimité d'un enfant qui est né trois cents jours après celui, où un jugement en séparation de corps est devenu irrévocable, sans préjudice de la faculté de la femme d'avancer tous les faits propres à prouver que son mari est le père de l'enfant.

Lorsque l'action en désaveu a été admise, l'enfant ne pourra pas acquérir l'état de légitime par la réconciliation des époux (309).

L'enfant, né trois cents jours après la dissolution du mariage, est illégitime (310).

Dans les cas prévus par les articles 306, 307, 308 et 309, le mari devra intenter l'action en désaveu de l'enfant :

en déans le mois, s'il se trouve dans l'endroit de naissance de l'enfant, ou dans son voisinage ;

en déans les deux mois après son retour, s'il est absent ;

en déans les deux mois après la découverte de la fraude, si la naissance de l'enfant lui avait été cachée

Tous les actes extrajudiciaires contenant le désaveu sont sans valeur, s'ils n'ont pas été suivis en déans les deux mois d'une action judiciaire.

Lorsque le mari, après avoir exprimé le désaveu dans un acte extrajudiciaire, vient à mourir avant le terme prescrit, un nouveau terme de deux mois sera ouvert à ses héritiers, pour intenter leur action judiciaire (311).

L'action, commencée par le mari, tombe, si les héritiers ne la poursuivent pas dans deux mois à compter du décès du mari (312).

Lorsque le mari est décédé, avant d'avoir fait valoir son droit, mais pendant que le temps y destiné courait encore, les héritiers ne pourront nier la légitimité de l'enfant, qu'exclusivement dans le cas de l'article 307.

L'action judiciaire pour attaquer la légitimité de l'enfant

devra être intentée en déans les deux mois, à compter du jour où l'enfant se sera mis en possession des biens du mari, ou du jour où les héritiers ont été troublés par l'enfant dans cette possession (313).

Dans les cas où les héritiers, conformément aux articles 311, 312 et 313, sont autorisés à intenter ou à poursuivre une action judiciaire pour contester la légitimité d'un enfant, ils auront un terme de six mois, si un ou plusieurs d'eux demeurent hors du royaume.

Si un ou plusieurs d'eux demeurent hors de l'Europe, ils auront un terme d'un an.

Dans le cas de guerre par mer, les termes de six mois et d'un an seront doublés (314).

Toute action judiciaire pour nier la légitimité d'un enfant devra être dirigée contre un tuteur spécial à adjoindre à l'enfant, et la mère devra être mise en cause dans le procès (315).

La filiation légitime est prouvée par les actes de naissance, inscrits sur les registres de l'état civil.

A défaut de tels actes, la possession paisible de l'état d'enfant légitime suffit (316).

La possession de cet état est prouvée par des faits, qui, soit ensemble, soit séparément, démontrent le rapport de descendance et de parenté entre une personne déterminée et la famille à laquelle il prétend appartenir.

Les principaux de ces faits sont :

que cette personne a toujours porté le nom du père, dont elle prétend descendre ;

que le père l'a traité comme son enfant, et a pourvu comme tel à son éducation et à son entretien ;

qu'il a été reconnu continuellement comme tel dans la société ;

que les proches l'ont reconnu comme tel (317).

Personne ne peut invoquer un état qui est en contradiction avec celui que son acte de naissance et une possession, conforme lui donnent, et réciproquement personne ne peut contester l'état de celui qui a une possession conforme à son acte de naissance (318).

A défaut d'un tel acte et de la possession continue d'état, ou lorsque l'enfant est inscrit sur les registres sous de faux noms, ou comme né d'un père et d'une mère inconnus, la filiation peut être prouvée par témoins.

Néanmoins cette preuve ne peut être admise que s'il y a un commencement de preuve par écrit, ou lorsque les présomptions ou indices, résultant de faits déjà constants, peuvent être considérés comme assez importants pour admettre un tel moyen de preuve (319).

Le commencement de preuve par écrit résulte de papiers de famille, de registres et de papiers privés du père ou de la mère, ou bien aussi d'actes publics ou privés, provenant de toute personne ayant intérêt à la cause, ou qui y aurait intérêt si elle était encore en vie (320).

La preuve admise peut consister dans tous les moyens qui sont propres pour démontrer que celui qui invoque sa descendance n'est pas l'enfant de la mère qu'il prétend avoir ; ou bien, la maternité étant prouvée, qu'il n'est pas l'enfant du mari de cette mère (321).

Les tribunaux civils sont exclusivement compétents pour les actions judiciaires par lesquelles on invoque quelque état (322).

L'action pénale du chef du délit de suppression d'état ne peut être intentée, avant que le jugement définitif sur le différend de cet état ait été prononcé.

Il est cependant permis au ministère public, d'intenter l'action pénale du chef de suppression d'état lorsque les parties intéressées n'agissent pas elles-mêmes, pourvu qu'il y ait un commencement de preuve par écrit conformément à l'article 320, et qu'il ait été décidé provisoirement sur l'existence de ce commencement de preuve.

Dans le dernier cas, l'action judiciaire publique ne pourra être suspendue par un procès civil (323).

L'action judiciaire pour invoquer l'état n'est pas sujette à la prescription, quant à l'enfant (324).

Cette action judiciaire ne peut être intentée par les héritiers de l'enfant, qui n'a pas invoqué son état, à moins que l'enfant ne soit mineur ou décédé dans les trois ans après sa majorité (325).

Les héritiers peuvent néanmoins continuer une telle action judiciaire, lorsqu'elle a été intentée par l'enfant, à moins qu'il n'ait laissé passer un délai de trois ans après le dernier acte du procès (326).

Les enfants procréés hors mariage, à l'exception de ceux procréés en adultère ou en inceste, sont légitimés par le mariage subséquent de leur père et de leur mère, lorsque ceux-ci les ont reconnus légalement avant la conclusion du mariage, ou lorsqu'une reconnaissance a lieu dans l'acte même (327).

Les enfants, nés de parents entre lesquels, sans que la dispensation royale fût accordée, le mariage était prohibé, ne peuvent être légitimés d'aucune autre façon que par leur reconnaissance dans l'acte de mariage (328).

Lorsque les parents auraient négligé, avant ou au moment de la célébration du mariage, de reconnaître leurs enfants naturels, il peut être suppléé à cette omission par des lettres de légitimation, accordées par le Prince sur l'avis de la cour de cassation (329).

De la même manière, peuvent être légitimés les enfants naturels et légalement reconnus, nés de parents qui, à cause du décès de l'un d'eux, n'ont pu conclure leur mariage projeté (330).

Dans les deux cas la cour de cassation, avant d'émettre son avis, entendra ou fera entendre les parents de demandeurs, et elle pourra même ordonner que la demande de légitimation soit publiée, par le moyen de journaux publics à indiquer (331).

La légitimation, soit par le mariage subséquent des parents, soit, dans le cas de l'article 329, par des lettres de légitimation, a pour suite que les enfants jouissent des mêmes droits, comme s'ils fussent nés depuis le mariage (332).

Dans le cas prévu par l'article 330, la légitimation n'a de vigueur que depuis le jour où les Lettres ont été accordées par la Reine ; elle ne peut pas, par conséquent, par rapport à la succession, nuire à des enfants légitimes antérieurs, comme aussi elle n'influe sur la succession héréditaire d'autres parents, que pour autant qu'ils ont acquiescé aux Lettres de légitimation (333).

De la même manière, et en observant les mêmes dispositions, les enfants déjà décédés, qui ont laissé des descendants peuvent être légitimés ; et dans ce cas, la légitimation profite à ces descendants (334).

Par la reconnaissance d'un enfant naturel des relations civiles s'établissent entre cet enfant et son père ou sa mère (335).

La reconnaissance d'un enfant naturel peut se faire par tous les actes authentiques, lorsque cela n'a pas été fait dans l'acte de naissance, ou dans l'acte de célébration du mariage.

La reconnaissance peut se faire aussi par un acte, rédigé par l'officier de l'état civil, et inscrit sur les registres de la manière déterminée par l'article 38 (336).

La reconnaissance d'un enfant naturel faite par un mineur ne sera pas valable, à moins que le mineur ait atteint l'âge complet de dix-neuf ans, et que la reconnaissance ne soit pas la suite d'une contrainte, erreur, fraude ou séduction.

Une fille mineure pourra cependant faire pareille reconnaissance avant l'âge de dix neuf ans (337).

Les enfants procréés en adultère ou en inceste ne peuvent être reconnus, sauf, quant aux derniers, la disposition de l'article 328 (338).

Aucune reconnaissance d'un enfant naturel ne pourra être admise du vivant de la mère, si elle n'y veut pas consentir.

Lorsqu'un tel enfant a été reconnu, après le décès de la mère, la reconnaissance n'a d'effets que par rapport au père (339).

La reconnaissance, pendant le mariage, faite par un des époux, au profit d'un enfant naturel qu'il a en avant son mariage d'une autre personne que son conjoint, ne peut porter préjudice ni à cet époux, ni aux enfants nés de ce mariage.

Toutefois cette reconnaissance produira ses suites après la dissolution de ce mariage, s'il n'en reste pas de descendants (340).

Toute reconnaissance faite par le père ou la mère, comme aussi toute action en réclamation d'état de la part de l'enfant, peut être contestée par tous ceux qui y ont intérêt (341).

La recherche de la paternité est interdite.

Toutefois dans le cas des délits prévus par les articles 224-245, 249 et 281 du Code Pénal, le coupable peut être déclaré le père de l'enfant sur l'action intentée à cette fin par les intéressés, lorsque le moment, où le délit a été commis, s'accorde avec celui de la grossesse (342, modifié par l'article 3 de la loi du 26 avril 1884 (*Bulletin des Lois* n° 93)).

La recherche de la maternité est admise.

Dans ce cas, l'enfant est obligé de prouver qu'il est le même dont la mère est accouchée.

L'enfant n'est pas admis à la preuve par témoins, à moins qu'il existe déjà un commencement de preuve par écrit (343).

Aucun enfant ne sera admis à rechercher la paternité ni la maternité, dans les cas où, selon l'article 336, la reconnaissance ne peut avoir lieu (344).

---

§ II. Etrangers.

Constitution.

Tous ceux qui se trouvent sur le territoire du Royaume ont un droit égal à la protection de leurs personnes et de leurs biens.

La loi règle l'admission et l'expulsion des étrangers, et les conditions générales dans lesquelles des traités d'extradition peuvent être conclus avec des puissances étrangères (4).

Tout Néerlandais peut être nommé à chaque fonction publique.

Aucun étranger ne peut y être nommé, sauf les dérogations établies par la loi (5).

La loi déclare *quelles personnes* sont des Néerlandais et *quelles personnes* sont des domiciliés.

Un étranger n'est naturalisé que par une loi.

La loi règle les suites de la naturalisation par rapport au conjoint et aux enfants mineurs du naturalisé (6).

Les étrangers ne peuvent pas être membres de la seconde ni de la première Chambre des Etats Généraux (84 et 90).

Loi provinciale.

Les étrangers ne peuvent pas être membres des Etats Provinciaux (17).

Loi communale.

Les étrangers ne peuvent pas être membres des conseils municipaux (19).

Loi du 15 *mai* 1829 *(Bulletin des lois, n°* 28*), contenant des dispositions générales de la législation du Royaume.*

Les règlements de police, pour autant que ce ne sont pas des dispositions pénales, obligent tous ceux qui se trouvent sur le territoire du Royaume (8).

Le droit civil du Royaume est le même pour les étrangers que pour les Néerlandais, aussi longtemps que la loi ne détermine expressément le contraire (9).

La forme de tous les actes est jugée d'après les lois du pays ou du lieu, où les actes ont été faits (10).

Code civil.

La jouissance des droits civils est indépendante des droits civiques, qui sont acquis exclusivement conformément à la constitution (1).

Tous ceux qui se trouvent sur le territoire de l'Etat sont libres, et capables de jouir des droits civils.

L'esclavage et toutes les autres servitudes personnelles, quelqu'en soit le caractère ou sous quelle dénomination qu'elles soient connues, ne sont pas tolérés dans le royaume (2).

Le titre 2 livre 1 a été remplacé par la loi du 2 décembre 1892 (*Bulletin des Lois*, n° 268), traitée plus haut.

Les mariages, contractés en pays étranger, soit entre Néerlandais, soit entre Néerlandais et étrangers, sont valables lorsqu'ils sont célébrés d'après la forme usitée dans le pays, pourvu que les publications du mariage aient eu lieu, selon la seconde section de ce titre, dans ce Royaume, sans opposition au mariage, et que les époux Néerlandais n'aient pas agi contre les dispositions contenues dans la première section du même titre (138).

Dans l'année qui suivra le retour des époux sur le territoire du Royaume, l'acte de célébration du mariage passé en pays étranger, devra être transcrit sur le registre public des mariages de leur domicile (139).

L'article 1 de la loi du 7 Avril 1869 (*Bulletin des Lois*, *n°* 56), qui a remplacé les articles 884 et 957 C. civ., dispose comme suit :

Lorsqu'une succession, à laquelle appartiennent des biens tant en Néerlande qu'à l'étranger, est divisée entre des étrangers et des Néerlandais, les derniers prélèvent une valeur adéquate, selon la part de leur héritage, à la valeur des biens de l'acquisition en propriété desquels ils sont exclus par des lois ou coutumes étrangères. La valeur est prélevée sur les biens de la succession par rapport auxquels l'exclusion n'existe pas.

Code de procédure civile.

Un étranger peut, même lorsqu'il n'a pas de résidence en Néerlande, être cité devant le juge néerlandais à cause d'obligations contractées par lui envers un Néerlandais, soit en Néerlande, soit dans un pays étranger.

Cette disposition est applicable aux citations devant les juges de paix (127).

Tout étranger demandeur ou intervenant dans une procédure entamée, est tenu à la demande de la partie adverse, avant que celle-ci soit obligée d'avancer quelque moyen de défense juridique ou quelque contradiction, de fournir caution de payer les frais et dommages intérêts auxquels il pourrait être condamné.

La partie qui demande qu'une caution soit fournie, n'est pas réputée avoir reconnu par là la compétence du juge (152).

Aux étrangers, qui n'ont pas de séjour fixe dans le Royaume, la contrainte par corps provisoire peut être appliquée, avant qu'un jugement ait été rendu contre eux, sur l'ordre du président du tribunal de l'arrondissement à cause d'une dette payable et à réclamer, contractée envers un Néerlandais.

Les formalités, prescrites dans la seconde section du titre cinquième du livre second de ce code, sont applicables aussi à cette contrainte par corps (768).

Il ne me semble pas nécessaire d'entrer dans les détails de la loi du 13 août 1849 (*Bulletin des Lois* n° 39), *pour régler l'admission et l'expulsion d'étrangers*. Nous dirons seulement en résumé que cette loi permet d'expulser les étrangers n'ayant pas des moyens de subsistance suffisants ; les autres dispositions de cette loi sont devenues pour la plupart lettre morte.

---

§ III. Capacité civile.

Mineurs.

Sont mineurs :

1° ceux qui n'ont pas encore accompli l'âge de vingt trois ans (art. 385, al. 1 C. civ.) ;

2° ceux qui ne sont pas mariés avant cet âge (art. 385 al. 1 C. civ.), ce qui peut avoir lieu à 18 ans pour les garçons et à 16 ans pour les filles, sauf les cas de dispense (86 C. civ.) ;

3° ceux qui n'ont pas reçu des lettres de majorité (474), ce qui peut avoir lieu à vingt ans (475).

Les mineurs sont soumis à la puissance paternelle ou à la tutelle (353, 354, 385).

Les parents sont obligés de pourvoir à l'entretien et à l'éducation de leurs enfants mineurs (article 353, al. 2, 1re partie).

L'enfant reste sous leur puissance jusqu'à sa majorité (354).

Le père exerce seul cette puissance pendant le mariage.

Lorsque le père est dans l'impossibilité de l'exercer, il est remplacé par la mère (355).

Un enfant mineur n'a pas le droit de quitter la maison paternelle sans la permission de son père (356).

Lorsque le père a des sujets de mécontentement graves sur la conduite de son enfant, le tribunal de l'arrondissement pourra le faire détenir, à la requête et aux frais du père, dans tel endroit que le tribunal jugera convenable.

La détention ne pourra excéder trois mois, si l'enfant n'a pas atteint l'âge de quinze ans accomplis ; un an, si l'enfant est agé de 15 ans et plus.

A cet égard aucune formalité judiciaire ne sera observée, sauf l'ordre d'arrestation, qui ne mentionnera pas les motifs (357).

Lorsque la mère est survivante et ne s'est pas remariée, et qu'elle demande l'arrestation de l'enfant, le tribunal pourra en accorder la permission, après avoir entendu deux des parents les plus proches du côté paternel (358).

Le père, et à son défaut la mère, reste toujours maître d'abréger le temps de la détention demandée (359).

L'enfant peut s'opposer à son arrestation, après qu'elle a été exécutée, par un mémoire au juge supérieur, qui décidera immédiatement comme il jugera convenable, après avoir entendu le père ou la mère, ainsi que le ministère public (360).

Toutes les dispositions de cette section, à l'exception seulement de l'obligation prescrite par l'article 358 pour entendre les parents du côté paternel, sont applicables aussi aux enfants naturels et légalement reconnus, et à leurs parents (361).

Le père a pendant le mariage la gestion des biens appartenant à ses enfants mineurs.

Cette disposition n'est pas applicable aux biens qui ont été donnés ou légués aux enfants, soit par acte entre vifs, soit par testament, sous la condition que la gestion en sera confiée à un ou plusieurs administrateurs nommés à cette fin, à l'exclusion du père.

Lorsqu'une telle gestion instituée cesserait, quels qu'en soient les motifs, les biens mentionnés passent sous la gestion du père. Nonobstant l'institution d'administrateurs spéciaux, mentionnés ci-dessus, le père a le droit de leur demander compte et justification, pendant la minorité de son enfant (362).

Le père, comme administrateur des biens de ses enfants, est responsable tant de la propriété, que des fruits des biens, dont il n'aurait pas la jouissance.

Quant aux biens dont la loi lui accorde l'usufruit, il est seulement responsable de leur propriété (363).

Le père ne peut disposer des biens de ses enfants, qu'en observant les règles prescrites par la loi quant à l'aliénation de biens appartenant à des mineurs (364).

Dans tous les cas où le père pourrait avoir un intérêt contraire à celui de ses enfants mineurs, ils seront représentés par un curateur spécial, à nommer par le juge de paix (art. 365, modifié par la loi du 18 avril 1874 (*Bulletin des Lois*, n° 68).

L'article 2 de cette loi dispose : Avant la clôture de l'interrogatoire, toutes les fois qu'il est prescrit, le juge de paix détermine le jour où il donnera sa décision.

Dans les quinze jours après cette date le droit d'appel est accordé au demandeur, et à toutes les parties entendues sur la demande.

L'article 342 du code de procédure civile, qui ne permet pas d'appeler de jugements non exécutoires par provision dans la huitaine, n'est pas applicable ici.

Un nouvel interrogatoire peut être ordonné en appel.

Lorsque le demandeur lui-même n'a pas appelé, aucune décision sur l'appel n'a lieu, avant qu'il a été entendu ou cité pour être entendu.

Pendant le mariage le père, et après sa dissolution, le père ou la mère survivants, ont la jouissance des biens appartenant à leurs enfants, jusqu'à ce qu'ils ont atteint l'âge complet de vingt ans, s'ils n'ont point contracté mariage avant cet âge (366).

Cette jouissance entraîne les charges suivantes :

1° celles auxquelles sont tenus les usufruitiers ;

2° l'entretien et l'éducation des enfants, conformément à leur fortune ;

3° le payement de rentes et d'intérêts de capitaux ;

4° les frais d'enterrement de l'enfant (367).

La jouissance n'est pas accordée :

1° sur les biens que les enfants pourraient avoir acquis par leur travail personnel ;

2° sur les biens qui leur ont été donnés ou légués par acte entre vifs ou par testament, sous la condition expresse que les parents n'en auraient pas la jouissance (368).

La jouissance cesse par le décès des enfants (369).

Le survivant des époux qui aurait négligé de faire dresser un inventaire conformément à l'article 182, perdra la jouissance de tous les biens appartenant aux enfants mineurs (370).

La jouissance cesse de même pour la mère qui contracte un second mariage (371).

Dans tous les cas où la jouissance cesse ou est perdue, le juge de paix a la faculté d'accorder aux parents sur les revenus des enfants, une somme annuelle pour leur éducation (art. 373, modifié par l'article 1 de la loi du 18 avril 1874).

Lorsqu'un mariage est dissous avant que les époux ou l'un d'eux aient accompli leur vingt troisième année, ils ne redeviennent pas mineurs (385, al. 2).

Les mineurs, dont les père et mère, ou l'un d'eux, sont décédés ou auraient été destitués tous deux de la puissance paternelle, sont placés en tutelle, de la manière prescrite dans les sections troisième, quatrième et cinquième du titre seizième du livre premier (385 al. 3, modifié par l'article 4 de la loi du 26 avril 1884, *Bulletin des Lois n°* 93).

Dans chaque tutelle, il n'y a qu'un tuteur, sauf les dispositions des articles 401, 406 et 418 (386).

Quiconque n'est pas exclu ou dispensé de la tutelle, selon les sections huit et neuf de ce titre, est obligé de l'accepter.

Lorsque le tuteur nommé refuse ou néglige d'exercer la

tutelle, il sera pourvu par le juge de paix à la nomination d'un administrateur, au lieu et aux frais du tuteur.

Dans ce cas, le tuteur est responsable des opérations de de l'administrateur, sauf son recours contre ce dernier (387, modifié par l'article 1 de la loi du 18 avril 1874).

Lorsque, selon les dispositions de ce titre et du titre suivant, l'intervention de parents ou alliés du mineur est requise, ceux-ci seront toujours cités au nombre de quatre, et pris autant que possible dans les deux lignes.

Lorsque quelque parent ou allié ne comparaît pas, le juge peut ordonner la comparution d'un autre parent ou allié, même d'un degré plus éloigné.

Ces parents ou alliés doivent être mâles, majeurs et domiciliés dans le Royaume.

Lorsqu'il ne se trouve pas un nombre suffisant de parents ou alliés dans le Royaume, le juge n'entendra que ceux qui y sont domiciliés (388).

Chaque fois que la présence, soit du subrogé-tuteur, soit de parents ou d'alliés du mineur est requise, ils pourront se faire représenter par un mandataire spécial.

Le mandataire ne pourra représenter qu'une seule personne.

Le juge peut ordonner que celui qui s'est fait représenter, comparaisse en personne (389 al. 1, 2 et 3).

Ceux qui, sans motif suffisant d'excuse, ne comparaissent pas et ne se font pas représenter, seront condamnés par le juge devant lequel ils doivent comparaître à une amende de vingt-cinq florins au plus (389 al. 4).

Les articles 388 et 389 al. 1-3 ont reçu une rédaction nouvelle par les articles 1 et 2 de la loi du 15 Novembre 1876 (*Bulletin des Lois n°* 195) et l'article 389 al. 4 a été supprimé par l'article 3 de la loi introductive et remplacé par l'article 445 du Code Pénal.

Tous les tuteurs sont obligés de donner hypothèque pour sécurité de leur gestion, pour le montant d'une somme proportionnée à la gestion de la tutelle.

A cette fin le juge de paix fixera incontinent, après l'interrogatoire du tuteur, du subrogé-tuteur et des parents ou alliés du mineur, le montant de cette somme en tenant compte du caractère des biens qui appartiennent au mineur, de leur situation et de la responsabilité qui pourrait résulter pour le tuteur de la gestion desdits biens.

Le juge de paix relatera sommairement dans son procès-verbal les différentes opinions émises, et mentionnera les motifs de sa décision.

La décision du juge de paix sera exécutée provisoirement par les soins du subrogé-tuteur et sous sa responsabilité, nonobstant l'appel dont il est parlé dans l'article 393 (390).

Le juge de paix pourra ordonner, à la demande du tuteur et après avoir entendu les personnes indiquées ci-dessus, que les effets au porteur appartenant au mineur soient déposés dans la caisse des consignations, et dans ce cas la valeur de ces effets n'entre pas en ligne de compte pour fixer le montant de l'hypothèque (391).

Si le tuteur, au moment où il est requis de donner hypothèque, ne possède pas de biens suffisants, il sera tenu de satisfaire à son obligation aussitôt qu'il a acquis des biens susceptibles d'hypothèque (392).

Le tuteur, le subrogé-tuteur et les parents ou alliés qui ont été entendus, peuvent appeler de la décision du juge de paix par requête écrite auprès du tribunal de l'arrondissement, lequel, après avoir entendu le ministère public, et, s'il lui semble nécessaire, le tuteur, le subrogé-tuteur et les parents ou alliés, fixera sans autre procédure, par jugement irrévocable, la somme pour laquelle l'hypothèque devra être donnée (893).

Lorsque pendant la tutelle la fortune du mineur augmente considérablement, le juge de paix ordonnera, après avoir entendu les personnes mentionnées par l'article 390, que l'hypothèque soit majorée d'une somme à fixer par lui, sauf l'appel dont il est parlé dans l'article précédent.

Il sera permis au tuteur de demander la réduction de l'hypothèque, lorsque sans sa faute la fortune du mineur a subi un amoindrissement considérable (394).

Toutes les contestations sur la valeur des biens offerts en hypothèque seront tranchées par le juge de paix, après qu'il a entendu les personnes mentionnées par l'article 390, et sauf l'appel au tribunal de l'arrondissement, qui agira comme il est prescrit par l'article 393 (395).

L'hypothèque sera inscrite, soit dans l'acte de nomination du tuteur, soit dans la prestation de serment, soit dans tout autre acte authentique (396).

Le tuteur sera autorisé à remplacer l'hypothèque à laquelle il est tenu, soit par une hypothèque sur les biens d'une tierce personne qui y consent, soit par une inscription au grand livre de la dette nationale d'après le cours du jour (397).

La garantie cesse et les inscriptions hypothécaires seront rayées aux frais du mineur, aussitôt que l'administration du tuteur est finie et que la responsabilité a cessé par la remise du compte de tutelle, des papiers et le paiement du reliquat final (398).

Les actes pour l'établissement des inscriptions et leur radiation qui auront lieu en vertu de cette section, ne sont pas sujets aux droits d'enregistrement et d'hypothèque, sauf le salaire du conservateur des hypothèques, lequel est aux dépens du mineur (399).

Après la dissolution du mariage, occasionnée par la mort d'un des parents, la tutelle des enfants mineurs appartient de droit au survivant des père ou mère (400).

Toutefois le père peut adjoindre à la mère survivante un conseiller spécial, sans la permission duquel elle ne pourra faire aucun acte touchant la tutelle, sauf son recours au tribunal de l'arrondissement, lorsqu'elle pense que le refus du conseiller lèse les intérêts des mineurs.

Si le père a spécialement mentionné les actes pour lesquels le conseiller a été nommé, la tutrice aura la faculté d'accomplir les autres actes sans son assistance (401).

La nomination d'un conseiller se fait soit par testament, soit par tout autre acte authentique spécial (402).

Lorsqu'après le décès du mari, la femme déclare ou, ayant

été citée à cette fin légalement, reconnaît être enceinte, un curateur au ventre sera nommé par le juge de paix de la manière prescrite concernant la nomination de tuteurs.

Ce curateur est obligé de prendre toutes les mesures urgentes, nécessaires à la conservation et à la gestion des biens, et cela autant au profit de l'enfant, s'il vient à naître vivant, que de toutes les autres personnes intéressées.

Si l'enfant naît vivant, ce curateur devient de droit son subrogé-tuteur, à moins qu'un autre subrogé-tuteur aurait été nommé déjà pour les autres enfants (403).

La mère n'est pas obligée d'accepter la tutelle ; toutefois elle doit, en cas de refus, gérer provisoirement la tutelle, et faire nommer un autre tuteur ; elle reste responsable jusqu'au moment où ce dernier aura accepté la tutelle (404).

Lorsque la mère, étant tutrice, veut contracter un mariage ultérieur, elle devra au préalable s'adresser au juge de paix, qui, après avoir entendu ou dûment cité les parents ou alliés du mineur, décidera si la mère peut conserver la tutelle.

Lorsqu'elle néglige de satisfaire à ce précepte, elle perd la tutelle de droit, et son mari est solidairement tenu pour le total à raison de toutes les suites de la tutelle que sa femme a retenue sans y être autorisée.

Pareille perte de la tutelle ne met pas obstacle à la nomination de la mère comme tutrice par le juge de paix, avec l'observation des dispositions de la cinquième section de ce titre (405).

Lorsque la mère a été autorisée à conserver la tutelle, son mari devient co-tuteur de droit, et responsable solidairement avec sa femme de tous les actes accomplis après la conclusion du mariage ; le tout sauf les dispositions de l'article 401.

La co-tutelle du mari cesse, aussitôt que la femme cesse d'être tutrice.

La tutelle de la femme cesse lorsque le co-tuteur est destitué, à moins que la destitution n'ait eu lieu du chef d'imbécilité ou d'aliénation mentale.

Au moment de la dissolution du second mariage la mère rentre dans la tutelle (406).

Le père ou la mère sont obligés, avant de contracter un nouveau mariage, de remettre au subrogé-tuteur un état des biens qui forment la fortune du mineur.

Lorsque le père ou la mère négligent de satisfaire, avant la conclusion du mariage, à ce précepte, ils perdent la tutelle et un autre tuteur devra être nommé (407).

Le père, et, à son défaut, la mère, ont la tutelle de leurs enfants naturels reconnus légalement. En cas de minorité du père ou de la mère, il est pourvu provisoirement à la tutelle par le juge de paix (408).

Le survivant des parents seul a le droit de nommer un tuteur pour ses enfants mineurs.

Il pourra même nommer plusieurs personnes, pour se succéder, en cas de défaut, dans la tutelle (409).

La nomination d'un tuteur se fait par testament, ou par un acte authentique spécial (410).

Lorsque la mère remariée n'a pas été maintenue dans la tutelle, ou lorsque le père ou la mère sont exclus de la tutelle en vertu de l'article 407, ils ne peuvent nommer un tuteur pour leurs enfants mineurs (411).

Lorsque la mère remariée étant restée dans la tutelle, a nommé un tuteur pour les enfants de son mariage antérieur, cette nomination ne sera valable qu'après avoir été corroborée par le juge de paix, les parents ou alliés du mineur entendus (412).

Lorsque le père et la mère sont morts sans nommer un tuteur, ou si le tuteur désigné se trouve dans un cas d'exclusion ou d'excuse, ou si les père et mère ont été destitués de la puissance paternelle, il sera pourvu à la tutelle par le juge de paix (413, modifié par l'article 5 de la loi du 26 avril 1884, *Bulletin des lois*, n° 93).

Le juge de paix fera citer à cette fin les parents ou alliés du mineur, et les consultera ensemble sur le choix le plus convenable aux intérêts du mineur.

Il en dressera procès-verbal, contenant les différentes opinions des personnes compétentes et il nommera ensuite incontinent le tuteur.

Le parent ou allié, cité en vertu de l'article 388 al. 2 ou de l'article 389, al. 3, peut être entendu aussi séparément (414, modifié par la loi du 15 Novembre 1876, *Bulletin des lois*, n° 195).

Lorsque le juge de paix nomme la personne, qui a été désignée par la majorité des membres de la famille, la nomination entrera immédiatement en force.

Si au contraire son choix tombe sur une autre personne, le juge de paix sera obligé, lorsque l'un ou l'autre des parents ou alliés présents l'exige, de faire parvenir immédiatement le procès-verbal au tribunal de l'arrondissement, qui devra approuver la nomination ou bien nommer définitivement un tuteur, après avoir entendu les mêmes proches (415).

S'il ne se trouve pas de parents ou alliés du mineur dans le Royaume, ou qu'aucun des proches régulièrement cités ne comparaît, le juge de paix seul procède à la nomination d'un tuteur.

La nomination d'un tuteur se fait à la requête des parents du mineur, de ses créanciers, d'autres parties intéressées, ou même d'office par le juge de paix du domicile du mineur.

L'officier de l'état civil sera obligé d'informer le juge de paix du décès de toutes les personnes qui pourraient laisser des mineurs, et de tous les nouveaux mariages de personnes qui ont des enfants mineurs (417).

Lorsque le mineur établi dans le Royaume, possède des biens dans une ou plusieurs colonies, l'administration de ces biens pourra être confiée à un administrateur dans chaque colonie, sur la demande du tuteur.

Dans ce cas, le tuteur n'est pas responsable des actes de cet administrateur.

L'administrateur est élu de la même manière que le tuteur (418).

Le tuteur entrera dans l'exercice de la tutelle le jour de sa nomination, lorsqu'elle a eu lieu en sa présence, sinon le jour où la nomination lui aura été signifiée.

Il est obligé de prêter au préalable entre les mains du juge de paix, le serment de s'acquitter convenablement et fidèlement de la tutelle à lui confiée (419).

Il est pourvu par le juge de paix à la tutelle des enfants naturels, sans aucun interrogatoire préalable (420).

Les mineurs, qui ont été reçus dans quelque établissement de bienfaisance restent, aussi longtemps qu'ils s'y trouvent, sous la tutelle des directeurs de cet établissement.

Ceux-ci sont exemptés de l'obligation de donner caution (421).

Dans chaque tutelle, à l'exception de celle dont il est traité dans l'article précédent, un subrogé-tuteur sera nommé par le juge de paix, de la manière prescrite dans la cinquième section de ce titre (422).

Les tuteurs, désignés dans la troisième et quatrième section de ce titre, sont obligés, avant d'entrer en fonctions, de faire nommer un subrogé-tuteur ; à défaut de cela, ils peuvent être destitués de la tutelle, sans préjudice des dommages-intérêts dus au mineur (423).

Lorsque la tutelle a été déférée par le juge de paix, la nomination du subrogé-tuteur aura lieu immédiatement après celle du tuteur, et se fera par un seul et même acte (424).

Si le subrogé-tuteur qui n'est pas exclu ou légalement dispensé de la tutelle, négligeait d'entrer en fonctions, il sera remplacé à ses frais, et sans préjudice de son obligation de restituer les frais, dommages et intérêts envers le mineur, par une autre personne, de la manière prescrite par l'article 387 ; abstraction faite de son recours contre ce dernier (425).

Le subrogé-tuteur devra, avant d'entrer en fonction, prêter serment entre les mains du juge de paix, qu'il remplira son devoir dûment et fidèlement (426).

Le subrogé-tuteur veillera aux intérêts du mineur, lorsqu'ils sont contraires à ceux du tuteur (427).

Il est obligé sous peine de dommages et intérêts, de veiller à ce que le tuteur satisfasse à son obligation de donner hypothèque, ou de la compléter, s'il y a lieu, conformément à l'article 390 et suivants de ce titre, et de s'assurer que l'hypothèque soit inscrite convenablement.

Il est tenu de même, et sous la même peine, d'obliger le tuteur à faire un inventaire et une description des biens, dans toutes les successions qui sont dévolues au mineur (428).

Il exigera du tuteur (à l'exception du père et de la mère) tous les deux ans un compte-rendu sommaire, et se fera montrer les effets et papiers appartenant au mineur.

Ce compte sommaire sera dressé sur du papier non-timbré, et transmis sans aucun frais, ni forme judiciaire (429).

Lorsque le tuteur refuse de satisfaire à la prescription de l'article précédent, ou lorsque le subrogé-tuteur découvre dans le compte sommaire des traces d'infidélité ou de grave négligence, il devra exiger la destitution du tuteur.

Il devra demander également cette destitution dans tous les autres cas déterminés par la loi (430).

Lorsque la tutelle est devenue vacante ou a été abandonnée par le tuteur, le subrogé-tuteur devra, sous peine de dommages et intérêts, faire nommer un nouveau tuteur, et il sera obligé d'accomplir en attendant tous les actes de la tutelle qui ne souffrent pas de retard (431).

La fonction du subrogé-tuteur finit au même moment que la tutelle (432).

Une personne, non alliée du mineur, ne peut être forcée d'accepter la tutelle ou la subrogé-tutelle, lorsque dans le ressort du tribunal de l'arrondissement où elle a été déférée, il se trouve des parents ou alliés qui sont en état d'exercer la tutelle ou la subrogé-tutelle (433).

Peuvent s'excuser de la tutelle et de la subrogé-tutelle :

1° ceux qui se trouvent au service de l'Etat hors du pays ;

2° les militaires en service actif de terre ou de mer ;

3° ceux qui sont revêtus hors de leur province de fonctions publiques, et ceux qui sont obligés, à cause de ces fonctions de se rendre à des moments déterminés hors de la province.

Les personnes mentionnées dans les trois numéros précédents peuvent se faire libérer de la tutelle ou subrogée-tutelle, lorsque les motifs d'excuse qui y sont mentionnés sont survenus après leur nomination.

4° Ceux qui ont atteint l'âge de soixante ans accomplis ; lorsqu'ils ont été nommés plus tôt, ils peuvent se faire décharger de la tutelle ou subrogé tutelle à l'âge de soixante-cinq ans ;

5° ceux qui souffrent d'une maladie ou indisposition grave dûment constatée. Ils peuvent demander leur démission, lorsque la maladie ou l'indisposition est survenue après leur nomination comme tuteur ou subrogé-tuteur.

6° Ceux qui, n'ayant pas d'enfants, sont chargés de deux tutelles ou subrogé-tutelles ;

7° ceux qui, ayant un ou plusieurs enfants, sont chargés d'une tutelle ou subrogé-tutelle ;

8° ceux qui, au jour de leur nomination ont cinq enfants légitimes, y compris les enfants morts au service militaire du Royaume.

Le père ne peut pour aucune des causes mentionnées ci-dessus, se faire excuser de la tutelle de ses propres enfants (434).

Celui qui désire être déchargé d'une tutelle ou d'une subrogé-tutelle est obligé, sous peine d'en perdre la faculté, de s'adresser par requête écrite et à ses frais au tribunal de l'arrondissement, et cela dans le délai de huit jours à compter du jour de sa nomination, lorsqu'il y a été présent, ou bien de la signification faite, et le tribunal décidera sans autre procédure et sauf l'appel au juge supérieur, si les motifs d'excuse avancés sont fondés.

Nonobstant l'allégation de motifs d'excuse, le tuteur ou subrogé-tuteur est obligé de remplir provisoirement ses fonctions, jusqu'à ce qu'il ait été pourvu définitivement à son remplacement (435).

Sont incapables d'exercer la tutelle et la subrogé-tutelle :

1° les mineurs ;

2° ceux qui sont placés sous curatelle ;

3° les femmes, sauf la mère ;

4° tous ceux qui, soit par eux-mêmes, soit par leur père, mère ou conjoint, seraient intéressés dans un procès contre le mineur, concernant son état de fortune ou une partie importante de ses biens (436).

Sont exclus et peuvent même être destitués de la tutelle ou subrogée-tutelle :

1° ceux qui ont été condamnés à une peine infamante (1) ;

2° ceux qui ont une conduite notoirement mauvaise ;

3° ceux qui se rendent coupables d'infidélité dans l'accomplissement de la tutelle ou subrogée-tutelle ;

4° ceux qui ont été destitués d'une autre tutelle ou subrogée-tutelle ;

5° ceux qui se trouvent en état de faillite ou d'insolvabilité (437).

La destitution d'un tuteur se fait par le tribunal de l'arrondissement, sur la demande du subrogé-tuteur, ou d'un des parents ou alliés du mineur jusqu'au quatrième degré inclus, et même sur la requête du ministère public.

Le tribunal, avant de prononcer son jugement, est obligé en tout cas d'entendre le tuteur et le subrogé-tuteur, si ce dernier n'a pas demandé lui-même la destitution.

Dans le jugement par lequel le tuteur est destitué, il sera condamné en même temps à rendre compte de sa gestion à son successeur (438).

La destitution du subrogé-tuteur se fait par le même tribunal sur la demande du tuteur, ou d'un des parents ou alliés, désignés dans l'article précédent, et même sur la requête du ministère public ; en tout cas, après avoir entendu le subrogé-tuteur (439).

Il est loisible au tribunal de l'arrondissement, s'il y a des motifs urgents, de suspendre pendant le procès le tuteur ou le subrogé-tuteur, et de pourvoir provisoirement à la gestion de la tutelle ou de la subrogée-tutelle (440).

L'article 6 de la loi du 26 avril 1884 (*Bulletin des lois*, n° 93) a inséré un nouvel article 440*a* dans le code civil, disposant comme suit :

Lorsque le tuteur ou subrogé-tuteur est condamné à une

(1) Les peines infamantes ayant été abrogées dans les Pays-Bas depuis la mise en vigueur (1886) du nouveau code pénal, cette disposition n'est applicable qu'à ceux qui ont été condamnés antérieurement.

peine privative de la liberté de plus d'un an, ou se trouve détenu au moment de sa nomination, le tribunal de l'arrondissement peut pourvoir temporairement à l'exercice de leur charge en nommant un tuteur ou subrogé-tuteur remplaçant.

Les dispositions des articles 438 et 439 concernant la destitution, sont applicables à ces nominations temporaires.

Les dispositions de la huitième section de ce titre sont applicables au tuteur ou subrogé-tuteur remplaçant.

Lorsque le tuteur ou le subrogé-tuteur remplaçant qui a été nommé se trouve lui-même dans l'un des cas prévu par le premier alinéa, le tribunal de l'arrondissement peut le remplacer de la même manière par un autre.

La gestion du tuteur ou du subrogé-tuteur remplaçant finit de droit avec la mise en liberté de celui qu'il remplace.

Les dispositions de la loi concernant les droits et obligations des tuteurs et des subrogés-tuteurs sont applicables au tuteur ou subrogé-tuteur remplaçant.

Le tuteur prendra soin de la personne du mineur, et le représentera dans tous les actes civils.

Le mineur doit respect à son tuteur (441).

Lorsque le tuteur a des raisons graves de mécontentement au sujet de la conduite du mineur, il pourra demander son incarcération, en observant ce qui a été établi sous ce rapport dans le titre précédent.

Le tribunal ne peut permettre l'incarcération qu'après avoir entendu ou convenablement cité le subrogé-tuteur, et les parents ou alliés du mineur (442).

Le tuteur doit administrer les biens du mineur en bon père de famille ; il est responsable des frais ou dommages-intérêts, qui pourraient résulter de sa mauvaise gestion.

Lorsque des biens ont été donnés ou légués au mineur, soit par acte entre vifs, soit par testament, et que l'administration en a été confiée à un ou plusieurs administrateurs nommés à cette fin, les dispositions de l'article 362, concernant le père, sont applicables au tuteur (443).

Le tuteur exigera, dans les dix jours après qu'il a accepté

la tutelle, la levée des scellés, lorsque l'apposition a eu lieu, et il procédera ou fera procéder immédiatement à l'inventaire des biens du mineur en présence du subrogé-tuteur.

L'inventaire pourra être dressé par acte sous seing privé signé par le tuteur et le subrogé-tuteur ; en tout cas, l'exactitude en devra être affirmée sous serment par le tuteur, en présence du juge de paix ; si l'inventaire avait été fait par acte sous seing privé, il devra être déposé au greffe du juge de paix (444).

S'il est dû quelque chose au tuteur par le mineur, la déclaration en sera faite dans l'inventaire ; à défaut de cette déclaration, le tuteur ne peut pas exiger ce qui pourrait lui être dû avant que le mineur n'aura atteint sa majorité ; il perdra en outre les rentes et intérêts arriérés du capital, depuis le jour de l'inventaire jusqu'au moment où le mineur sera devenu majeur ; néanmoins pendant cette période intermédiaire la prescription ne courra pas contre le tuteur (445).

Lors de l'acceptation de toute tutelle, à l'exception de celle du père ou de la mère, le juge de paix fixera, après avoir entendu le subrogé-tuteur, et après citation des parents ou alliés du mineur, à raison des biens qui doivent être administrés, le montant de la somme que le mineur pourra dépenser annuellement, comme aussi des frais que peut entraîner l'administration des biens ; le tout sans préjudice de l'appel au tribunal de l'arrondissement, si le juge de paix ne s'est pas conformé à l'opinion de la majorité des parents.

Par le même acte il sera statué aussi, si le tuteur est autorisé à se servir dans son administration d'un ou plusieurs administrateurs salariés, gérant les affaires sous sa responsabilité (446).

Le tuteur est obligé de faire vendre tous les meubles qui échoient en partage au mineur au moment de l'ouverture de la tutelle, ou pendant son cours, ainsi que les choses mobilières qui ne produisent pas de fruits, revenus ou profits, à l'exception de celles qu'il pourra conserver en nature, avec la permission du juge de paix, et après avoir pris l'avis du subrogé-tuteur, ainsi que des parents ou alliés du mineur.

La vente doit avoir lieu en public et par un fonctionnaire compétent, en observant les coutumes locales, à moins que le juge de paix, après avoir entendu les intéressés ci-dessus mentionnés, n'ordonne que certains objets à indiquer spécialement soient vendus de la main à la main, dans l'intérêt du mineur.

Le juge de paix peut permettre aussi la vente publique ou de la main à la main de choses mobiliaires, qui, en vertu du premier alinéa de cet article, auraient été conservées en nature, si l'intérêt du mineur l'exige.

Le tuteur peut vendre sans formalités les marchandises à leur prix courant, les fruits et récoltes au cours du marché (447, modifié par l'article 1 de la loi citée).

Le père et la mère, pour autant qu'ils ont la jouissance légale des biens appartenant au mineur, sont exemptés de l'obligation de vendre les meubles, s'ils désirent les conserver et les rendre plus tard en nature.

Dans ce cas, ils les feront taxer, à leurs frais, par un expert, qui sera nommé par le subrogé-tuteur, et prêtera serment devant le juge de paix. Ils devront capitaliser la valeur taxée de ceux d'entre ces biens, qu'ils ne pourraient pas représenter en nature (448).

Les tuteurs sont obligés à capitaliser ce qui reste des revenus, déduction faite des dépenses, aussitôt que le solde dépasse le quart des revenus ordinaires du mineur. Les seuls placements autorisés sont : l'achat d'inscriptions sur le grand-livre de la dette réelle du Royaume, de biens immeubles ou d'obligations actives, hypothéquées sur des biens immobiliers, dont la valeur non chargée s'élève au moins à un tiers au-dessus de la somme à capitaliser.

Les tuteurs en défaut pendant un an doivent les intérêts légaux des sommes non capitalisées (449).

S'il se trouve parmi les biens du mineur des certificats de la dette nationale, les tuteurs sont obligés d'en faire effectuer la transcription sur le grand-livre, au nom du mineur.

Le subrogé-tuteur devra prendre soin de l'exécution de cette mesure, sous peine de dommages et intérêts (450).

Il ne sera pas permis au tuteur d'emprunter de l'argent pour le mineur, ni d'aliéner ou d'hypothéquer ses biens immeubles, ni de vendre ou de transmettre ses effets, obligations et actions, sans y être autorisé par le juge de paix. Le juge de paix n'accordera cette faculté, qu'à raison d'une nécessité absolue ou d'un avantage évident, et après avoir pris l'avis du subrogé-tuteur et des parents ou alliés du mineur (451, modifié par l'article 1 de la loi citée).

En cas de vente de biens immobiliers, le tuteur devra présenter avec sa requête un état de tous les biens du mineur, avec indication de ceux qu'il désirerait aliéner.

Le juge de paix peut permettre la vente, soit des biens indiqués, soit de quelques autres, dont l'aliénation lui paraîtrait moins onéreuse dans l'intérêt du mineur (452, modifié par l'article 1 de la loi citée).

La vente sera faite en public en présence du subrogé-tuteur, par un fonctionnaire compétent, et selon les coutumes locales (453).

Le juge de paix peut permettre, dans des cas extraordinaires, et lorsque l'intérêt du mineur l'exige, la vente de la main à la main d'un immeuble.

Cette permission ne sera accordée que sur une requête motivée du tuteur et avec le consentement unanime du subrogé-tuteur et des parents ou alliés du mineur.

Lorsque les parents ou alliés cités ne comparaissent pas tous, le consentement unanime de ceux qui comparaissent suffira.

Il ne sera pas permis de vendre l'immeuble à un prix inférieur à l'évaluation de trois experts nommés par le juge de paix (454, modifié par l'article 1 de loi citée).

Les formalités, prescrites par l'article 451, ne sont pas applicables, lorsque la vente a été ordonnée par un jugement, à la demande d'un des co-propriétaires d'un immeuble indivis ; la vente en pareil cas doit toujours avoir lieu en public (455).

Lorsque le juge de paix, en vertu de l'article 451, accorde la permission de vendre des effets appartenant au mineur, il pourra ordonner en même temps que cette vente aura lieu de la main à la main au moyen de courtiers, pourvu que la valeur des effets puisse être déterminée, au jour de la vente, par des prix-courants ordinaires (456, modifié par l'article 1 de la loi citée).

Le tuteur ne peut acheter un immeuble du mineur si ce n'est en vente publique.

Dans ce cas, la vente ne sera valable, que moyennant l'approbation du juge de paix, accordée conformément aux prescriptions et avec les dispositions des alinéas second, troisième et quatrième de l'article 454 (457 modifié, par l'article 1 de la loi citée).

Le tuteur ne peut prendre à bail pour lui-même un immeuble du mineur, à moins que les conditions n'aient été approuvées par le juge de paix, après avis ou citation préalable des parents ou alliés du mineur, ainsi que du subrogé-tuteur ; dans le cas d'autorisation, c'est ce dernier qui contractera la convention avec le tuteur.

Il ne peut accepter, sans la même approbation, aucune cession de droits ou d'obligations contre son pupille (458).

Le tuteur ne peut accepter une succession dévolue au mineur, que sous bénéfice d'inventaire.

Il ne peut refuser une succession, sans y avoir été autorisé de la manière mentionnée par l'article 441 (459).

La même autorisation est requise pour accepter un don fait au mineur ; moyennant quoi il aura par rapport au mineur les mêmes conséquences que par rapport à une personne majeure (460).

Avant d'intenter une action judiciaire pour le mineur, ou d'y défendre, le tuteur peut solliciter l'autorisation du juge de paix, qui prendra l'avis des parents ou alliés du mineur et du subrogé-tuteur.

Le tuteur qui, non pourvu de cette autorisation a intenté une action judiciaire, ou se défend contre elle, pourra être condamné par le juge au payement des frais du procès, s'il est prouvé qu'il a entamé ou poursuivi le procès sans motif raisonnable ; sans préjudice de son obligation à la restitution ultérieure des frais, dommages et intérêts, s'il y a lieu.

Il en serait de même s'il est prouvé que le tuteur aurait obtenu une telle autorisation par de faux prétextes, ou en cachant la vérité (461).

Il n'est pas permis au tuteur d'acquiescer à une action judiciaire, intentée contre le mineur, sans y être autorisé par le juge de paix, de la manière mentionnée dans le commencement de l'article précédent (462).

La même autorisation est requise, lorsque le tuteur veut demander un partage ; mais il peut répondre à pareille action, sans cette autorisation (463).

Les règles, qui devront être observées dans le partage de biens, où des mineurs sont intéressés, sont déterminées dans le titre seizième du livre II du Code Civil (464).

Le tuteur ne peut conclure un compromis, ni déférer la décision d'une affaire à des arbitres, au nom du mineur, sans l'autorisation, dont il est parlé dans l'article 451 (465).

Le père ou la mère s'ils étaient mariés sous le régime de la communauté complète ou partielle de biens, peut être autorisé, par le juge de paix, après l'avis ou la citation préalable des parents ou alliés, ainsi que du subrogé-tuteur, à continuer la profession, le commerce etc., pendant un temps déterminé, et même jusqu'à la majorité, en communion avec les mineurs.

Cette autorisation ne sera accordée que si l'intérêt de la reprise et la garantie, que le tuteur ou la tutrice offre, ont été démontrés au juge de paix, après l'inventaire des biens. Elle pourra être retirée, sur la demande du tuteur ou du subrogé-tuteur, après enquête comme ci-dessus (466, modifié par l'article 1 de la loi citée).

Tout tuteur est tenu, à l'expiration de sa gestion, de présenter un compte final avec pièces justificatives (467).

Ce compte et cette justification se feront au mineur, aussitôt que celui-ci a atteint sa majorité, ou à ses héritiers, aussitôt que le mineur est décédé, ou au père ou à la mère, aussitôt que ceux-ci peuvent exercer de nouveau la puissance paternelle.

Le tuteur fera l'avance des frais (468, modifié par l'article 7 de la loi du 26 Avril 1884 ; *Bulletin des lois*, n° 93).

Le tuteur ne peut réclamer à son propre profit une somme quelconque à titre de salaire.

Il lui est pourtant permis de recevoir le salaire, qui pourrait lui être accordé par testament ou par l'acte authentique, mentionné dans l'article 410 (469).

Toute convention, touchant la tutelle ou le compte de tutelle, faite entre le tuteur et le mineur devenu majeur, est nulle et sans valeur, lorsqu'elle n'a pas été précédée d'un compte en règle, avec la présentation des pièces justificatives nécessaires le tout résultant d'un aveu écrit de celui à qui le compte est fait, au moins dix jours avant la convention (470).

Ce qui sera dû par le tuteur selon le compte définitif, portera intérêts, à partir du jour où le compte est clôturé ; au contraire le solde débiteur du mineur au profit du tuteur ne sera productif d'intérêts, que du jour de la sommation de payer, faite après la clôture du compte et de la justification (471).

Toute action judiciaire du mineur contre son tuteur, par rapport aux actes de la tutelle, se prescrit par dix ans, à compter du jour de la majorité (472).

Le titre 17 du livre 2 traite de l'*émancipation du mineur, tant complète que partielle*. Toutefois il a été modifié sur plusieurs points, dont il sera tenu compte dans l'aperçu qui suit.

Par l'émancipation le mineur peut être déclaré majeur, ou certains droits de majorité peuvent lui être accordés (473).

L'émancipation, par laquelle le mineur devient majeur, est acquise par *venia aetatis* ou lettres de déclaration de majorité, qu'accorde la Cour de Cassation ; elles n'auront d'effet qu'à dater de la sanction Royale (474).

La demande pour obtenir des lettres de déclaration d'émancipation peut être adressée à la Cour de Cassation par le mineur ayant accompli l'âge de vingt ans. Un acte de naissance, ou lorsque celui-ci ne peut pas être fourni, une autre preuve valide de l'âge requis, doit être annexée à la requête écrite (475).

La Cour de Cassation, avant de décider sur la demande, entend le père, ou à son défaut, la mère du mineur ; lorsque le père et la mère du mineur sont décédés, ou se trouvent dans l'impossibilité d'exprimer leur volonté, le tuteur, le subrogé-tuteur, ainsi que les parents ou alliés du mineur doivent être entendus ou dûment cités (476).

La Cour de Cassation pourra charger le tribunal de l'arrondissement du domicile du mineur, ou si la distance est trop grande, le juge de paix d'entendre les personnes mentionnées ci-dessus.

Le procès-verbal de cet interrogatoire sera envoyé alors à la Cour de Cassation, avec tous les renseignements et remarques, que le tribunal ou le juge de paix jugera utiles (477).

L'émancipé est assimilé sur tous les points au majeur.

Pour contracter mariage, il doit cependant obtenir, conformément aux dispositions des articles 92, 93 et 94, le consentement de ses parents ou grands-parents, jusqu'à ce qu'il aura atteint l'âge de vingt trois ans (478).

Il est permis à la Cour de Cassation d'insérer, dans l'intérêt du mineur, dans les lettres de la déclaration de majorité, la disposition, que celui, auquel elles sont accordées, n'aura la faculté, jusqu'à ce qu'il ait accompli la vingt-troisième année, d'aliéner ou d'hypothèquer ses biens immeubles, qu'avec le consentement du juge de paix de son domicile.

En cas de vente, le juge de paix pourra permettre aussi qu'elle ait lieu de la main à la main (479, modifié par l'article 1 de la loi citée).

L'émancipation, par laquelle des droits déterminés de majorité sont accordés à un mineur, peut être prononcée par le juge de paix, lorsque le mineur a accompli l'âge de dix-huit ans.

Elle n'est pas accordée contre la volonté de celui des parents, qui exerce la puissance paternelle (480, modifié par l'article 1 de la loi du 4 juillet 1874, *Bulletin des lois*, n° 91).

Lorsque le père et la mère vivent tous deux, le juge de paix décide après l'interrogatoire ou la citation convenable de celui des parents, qui exerce la puissance paternelle, et des parents ou alliés.

Lorsque le mineur est sous tutelle, le juge de paix décide

après l'interrogatoire ou la citation convenable du tuteur, du subrogé-tuteur, des parents ou alliés et du père ou de la mère, si l'un d'eux serait en vie sans être chargé de la tutelle.

Les articles 388 et 389 du Code civil sont applicables ici.

Le juge de paix peut ordonner la comparution personnelle du mineur.

Avant la clôture de l'interrogatoire le juge de paix fixe le jour auquel il donnera sa décision.

Dans les quinze jours après le jour de la décision l'appel peut être intenté par le mineur et par toute personne qui a été entendue dans la cause.

Un nouvel interrogatoire peut être ordonné en appel.

Lorsque le demandeur lui-même n'a pas interjeté appel, il ne sera pas prononcé sur l'appel sans qu'il a été entendu ou cité pour être entendu (481).

En accordant l'émancipation le juge de paix détermine expressément, quels droits de majorité sont accordés au mineur (482).

La rédaction actuelle des deux articles précédents a été arrêtée par la loi du 4 juillet 1874 (*Bulletin des lois*, n° 91).

Le mineur, qui a obtenu une telle émancipation, est considéré comme majeur, seulement par rapport aux actes expressément déterminés, comme il vient d'être mentionné, et ne peut pas être restitué contre eux, à cause de minorité. Pour tous les autres il reste dans l'état absolu de minorité (483).

La faculté et les droits qu'on accordera au mineur, en vertu des articles 480, 481 et 482, ne peuvent s'étendre qu'à la recette partielle ou totale et la disposition de ses revenus, à la conclusion de contrats de louage, la culture de ses biens ruraux, et l'exercice de telles professions, qui y sont nécessaires, l'exercice de quelque main d'œuvre, la fondation d'une ou la participation dans une fabrique, et enfin à l'exercice d'un commerce.

Dans les deux derniers cas le mineur a la faculté de contracter, comme un majeur, toutes les conventions, se rapportant à cette fabrique ou commerce, à l'exception de l'aliénation et du nantissement de ses effets portant intérêts, de ses inscriptions sur les grands livres de la dette publique, des obligations hypothécaires et des actions dans des sociétés anonymes ou d'autres sociétés.

Il peut comparaître comme demandeur ou comme défendeur à raison d'actes pour lesquels il avait capacité en vertu de l'émancipation obtenue (484, modifié par l'article 1 de la loi du 1 juillet 1874, *Bulletin des lois n°* 90).

L'émancipation, mentionnée dans les cinq articles précédents, peut être révoquée par le tribunal de l'arrondissement, si le mineur en abuse ou s'il y a une crainte fondée qu'il en abusera.

La révocation a lieu, lorsque les deux parents sont en vie, sur la demande du père, ou, si la puissance paternelle est exercée par la mère, sur la demande de celle-ci ; lorsque le mineur est sous tutelle, sur la demande du tuteur ou subrogé-tuteur.

Il ne sera statué sur la demande qu'après l'interrogatoire ou la citation préalable du mineur et du tuteur, si la demande a été faite par le subrogé-tuteur, ou de celui-ci, lorsque la demande a été faite par le tuteur.

Le tribunal peut ordonner également que les parents ou alliés et le père ou la mère, si l'un d'eux serait en vie sans être chargé de la tutelle, seront cités pour être entendus.

Il décide sans appel (485, modifié par l'article 1 de la loi du 4 juillet 1874, *Bulletin des lois, n°* 91).

Toute émancipation mentionnée dans ce titre, comme aussi la révocation selon l'article précédent, doit être publiée, et insérée dans le journal officiel et dans celui du domicile du mineur, ou, à défaut, dans le journal d'une localité voisine.

Dans la publication de l'émancipation il doit être mentionné avec précision comment, et à quelle fin, elle a été accordée. Avant cette publication, l'émancipation et sa révocation ne sont pas opposables aux tiers (486).

Les mineurs n'ayant pas accompli l'âge de dix huit ans, ne peuvent pas faire un testament (944).

Un mineur, quoiqu'ayant atteint l'âge de dix huit ans, ne

peut pas faire par testament une disposition au profit de son tuteur.

Devenu majeur, il ne peut favoriser son ci-devant tuteur, qu'après la présentation et la clôture de compte de la tutelle.

Sont exceptés des deux cas mentionnés ci-dessus les parents du mineur dans la ligne ascendante, qui sont ou ont été ses tuteurs (951).

Les mineurs ne peuvent pas disposer par testament au profit de leurs maîtres, gouverneurs ou gouvernantes, qui cohabitent avec eux, ni au profit de leurs maîtres ou maîtresses, chez lesquels les mineurs ont été mis en pension.

Sont exceptées, les dispositions pour la rétribution de services rendus, faites sous la forme de legs, en tenant compte de la fortune du disposant, et des services rendus (952).

Dans ce cas (art. 1117 al. 1) ainsi que lorsque parmi les héritiers se trouvent des personnnes, qui n'ont pas la libre gestion de leurs biens, le partage de la succession ne peut avoir lieu, qu'avec l'observation, des articles 1118 al. 1 et 1120 sous peine de nullité (1117 al. 2).

Les subrogés-tuteurs et les subrogés-curateurs doivent être présents lors du partage.

Lorsque le juge de paix estime, que le tuteur et le subrogé-tuteur à eux deux, ou le curateur et le subrogé-curateur à eux deux, ou l'administrateur, ont un intérêt contraire à celui des héritiers représentés par eux, il nommera un ou plusieurs tuteurs pour le partage lesquels veilleront aux intérêts de ces héritiers (1118).

Lorsqu'il n'a pas été fait d'inventaire, il sera dressé, soit auparavant par un acte spécial, soit en même temps que le partage et par un seul et même acte.

Néanmoins si tous les héritiers, étant présents au moment du décès du testateur, et ayant la libre gestion de leurs biens, n'ont pas dressé un inventaire, et que des modifications survenues plus tard dans l'état de la succession rendent impossible l'observation des dispositions légales concernant l'inventaire, le partage de la succession commencera par une description, aussi précise que possible de la succession, telle qu'elle a été laissée par le testateur et des modifications y survenues ensuite de son état actuel.

Ceux qui sont restés en possession de la succession indivise prêteront serment sur l'exactitude de cette description — (C. civ. 1119).

L'inventaire est passé par un acte, par devant un notaire choisi par les parties, ou en cas de dissidend, nommé par le tribunal de l'arrondissement, sur la requête écrite de l'intéressé le plus diligent, en présence et avec l'approbation du juge de paix, lequel signe aussi l'acte, sans en dresser pourtant un procès verbal (1120).

Si le juge de paix refusait d'aprouver un projet de partage et que tous les héritiers jugeraient que ce refus n'est pas fondé, le juge de paix indiquera les motifs de son refus, et ceux-ci sont insérés dans un procès verbal à dresser par le notaire.

Le partage de la succession projeté, paraphé par le juge de paix et le notaire, est porté au greffe par le notaire, avec une copie de ce procès-verbal.

Le procès-verbal du notaire et le projet de partage sont exempts du timbre et de l'enregistrement.

Les héritiers peuvent présenter leurs griefs, par une requête écrite motivée, auprès du tribunal de l'arrondissement. Celui-ci juge ensuite en dernier ressort, il pourra prendre l'avis du juge de paix et des parties, et en tout cas du ministère public.

En cas d'approbation, le partage de la succession se fait par devant le notaire, en présence du juge de paix, conformément au projet, lequel, après avoir été paraphé par le président et le greffier, est rendu au notaire et annexé par celui-ci à la minute (1121).

Si un ou plusieurs d'entre les héritiers, jugeait que les biens immeubles de la succession, ou quelques uns d'eux, doivent être vendus, soit dans l'intérêt de la succession, soit pour pouvoir effectuer un partage convenable, le tribunal peut ordonner la vente, après l'interrogation ou la citation convenable des autres intéressés, conformément aux dispositions des articles 690 à 692 du code de procédure civile, sous cette condition toutefois, que si la vente a lieu en public, la présence des subrogés-tuteurs et subrogés-curateurs sera requise.

Si un des cohéritiers achète un immeuble, cela a par rapport à lui le même résultat, que s'il l'eût obtenu par le partage (1122).

Les successions échues en partage à des femmes mariées, des mineurs ou des interdits, ne peuvent être acceptées qu'en observant les dispositions légales prescrites (1092, al. 1).

Il n'est pas permis à des mineurs de disposer par donation, sauf ce qui a été déterminé par le huitième titre du premier livre de ce code (1714).

Une donation, faite à des mineurs, peut être acceptée par le père durant la vie des deux parents.

Une donation faite à des mineurs sous tutelle, ou à des interdits, est acceptée par le tuteur ou curateur, autorisé par le juge de paix.

Si le juge de paix accorde l'autorisation, la donation reste valable, même si le donateur était décédé avant l'autorisation (1722, modifié par l'article 1, de la loi citée à l'article 365).

Absents.

Lorsque quelqu'un a quitté son domicile, sans avoir nommé un mandataire pour vaquer à ses affaires et à ses intérêts, ou bien si la procuration par lui donnée est périmée et qu'il y a nécessité d'y pourvoir, un administrateur sera nommé sur la demande des intéressés ou du ministère public, par le tribunal du domicile de l'absent, pour administrer et soigner ses biens et intérêts, pour faire valoir ses droits, et le représenter en justice.

Le tout sans préjudice des dispositions légales spéciales, pour le cas de faillite ou d'insolvabilité notoire (519).

L'administrateur est tenu de faire un inventaire convenable des biens, dont l'administration lui est confiée. Il versera les deniers comptants qu'il trouvera, ou qu'il pourrait percevoir plus tard, dans la caisse des consignations judiciaires, et se conformera selon les prescriptions concernant l'administration de biens appartenant à des mineurs, pour autant que celles-ci peuvent être appliquées à son administration, à moins que le tribunal n'en ait disposé autrement (520).

L'administrateur est tenu de faire annuellement au ministère public auprès du tribunal un compte et une justification sommaires, et de montrer les effets et papiers appartenant à son administration. Ce compte sera dressé sur papier non-timbré et remis sans aucune forme légale. Le ministère public peut faire ensuite au tribunal telle proposition, qu'il jugera nécessaire dans l'intérêt de l'absent.

L'approbation de ce compte n'apporte pas de préjudice aux droits que l'absent ou d'autres intéressés pourraient faire valoir contre lui (521).

L'administrateur a la faculté de porter en compte comme rémunération, en faisant son compte annuel, deux et demi pour cent de la recette et un et demi pour cent des dépenses (522).

Si quelqu'un a quitté son domicile, sans avoir donné une procuration pour la gestion de ses affaires, ou avoir pourvu à leur administration, et lorsque cinq ans se sont écoulés après son départ ou après les dernières nouvelles, d'où résulterait qu'il était en vie, sans que dans l'intervalle une preuve est arrivée de son existence ou de son décès, indépendamment du fait que des mesures provisoires aient été ordonnées ou non, un tel absent pourra être cité, à la demande des intéressés, devant le tribunal de son dernier domicile par une citation publique à trois mois, ou pour un terme plus long à déterminer par le tribunal.

Lorsque ni l'absent, ni quelqu'un à sa place ne comparaît sur cette citation, pour faire preuve de son existence, il sera fait une seconde citation semblable, et sur cette seconde, dans le cas comme ci-dessus, une troisième citatien semblable.

Ces citations doivent être insérées chaque fois dans les journaux que le tribunal indiquera expressément en accordant la première permission, et elles seront affichées à la porte principale du lieu de réunion du tribunal, et à la maison de la commune, où l'absent avait son domicile (523).

Le terme de cinq ou dix ans, exigé dans les articles 523, 526 et 549 du code civil, est restreint à trois ans, lorsqu'il est démontré que l'absent a appartenu à l'équipage ou aux passagers d'un navire, dont pendant ce temps-là des nouvelles n'ont pas été reçues.

Le terme de trois ans se compte à partir des dernières nouvelles reçues du navire, et s'il n'en a point été reçues à partir du jour où le navire a pris le large pour la dernière fois (article 1 de la loi du 9 juillet 1855, *Bulletin des Lois*, n° 67).

Le même terme de cinq ou dix ans est ramené à un an, lorsque l'absent a disparu à l'occasion d'un accident sur les côtes du pays, sur des mers ou eaux intérieures, survenu à quelque bâtiment, à une partie de son équipage ou de ses passagers.

Le terme d'un an commence à l'instant où l'accident est présumé avoir eu lieu (article 2 de la même loi).

Si sur la troisième citation ni l'absent ne comparait pas ni personne à sa place, qui démontre suffisamment son existence, il peut être déclaré par le tribunal, le ministère public entendu, qu'il y a présomption juridique de décès, depuis le jour après lequel l'absent peut être présumé avoir quitté son domicile, ou après la dernière nouvelle de sa vie, et ce jour-là doit être exprimé spécialement dans le jugement (524).

Le tribunal prendra en considération avant de prononcer sur l'action les motifs de l'absence, les causes qui ont pu empêcher que des nouvelles ont été reçues de l'absent et toutes les autres circonstances, se rapportant à la présomption du décès.

Il peut, en tenant compte de tout ceci, différer de prononcer son jugement pendant cinq ans au plus au delà du terme, mentionné à l'article 523, et ordonner telles citations ultérieures et insertion dans les journaux, qu'il pourrait juger nécessaires dans l'intérêt de l'absent (525).

Si quelqu'un en quittant son domicile a donné une procuration pour la gestion de ses affaires, ou a pourvu à leur administration et que dix ans se sont écoulés depuis son départ ou depuis qu'il a donné la dernière fois des nouvelles, sans que pendant ces dix ans une preuve sera arrivée de son existence ou de son décès, un tel absent peut être cité, à la demande des intéressés, et il peut être déclaré qu'il y a présomption juridique de décès, de la manière et selon les règles mentionnées dans les trois articles précédents. Ce laps de temps de dix ans est requis, même lorsque la procuration donnée par l'absent aurait cessé plus tôt.

Mais dans ce dernier cas, il sera pourvu à l'administration de la manière mentionnée dans la première section de ce titre (526).

La déclaration du décès présumé doit être publiée généralement au moyen des mêmes journaux, dans lesquels les citations publiques ont été insérées (527).

Les héritiers présomptifs de l'absent, qui, soit selon le droit de succession ab intestat, soit en vertu d'un testament, auraient eu droit à sa succession au jour exprimé dans le jugement, ont la faculté d'exiger de l'administrateur compte, justification et remise des biens de l'absent ; le tout en fournissant une sécurité personnelle ou réelle, approuvée judiciairement que ces biens seront employés, sans les détériorer ou les négliger, et éventuellement rendus, soit à l'absent, s'il revient, ou à d'autres héritiers, dont le meilleur droit apparaîtrait plus tard.

Les héritiers présomptifs, ainsi que tous les autres intéressés ont par conséquent la faculté d'exiger l'ouverture du testament (528).

A défaut de fournir la sécurité mentionnée dans l'article précédent, les biens seront donnés en administration à un tiers et la vente des meubles peut être ordonnée avec l'observance des prescriptions, énoncées dans les articles 833 et 834 de ce code (529).

Les héritiers présomptifs ont, par rapport à la jouissance des biens de l'absent, les mêmes droits, et sont soumis aux mêmes obligations, que les usufruitiers, pour autant que les dispositions de la matière soient applicables, et qu'il n'y aurait pas été pourvu autrement (530).

De la même manière et sous les mêmes conditions, les légataires, et tous ceux qui auraient eu quelque droit sur les biens de l'absent, après son décès, peuvent l'exercer provisoirement (531).

Ceux qui ont obtenu la possession ou la gestion de quelques biens de l'absent, en doivent compte, justification et remise, chacun pour ce qui le regarde, à l'absent, s'il revient ou à d'autres héritiers, ou ayant droits qui se présenteraient (532).

Les héritiers présomptifs sont tenus au moment de la prise en possession de dresser un inventaire convenable de tous les biens délaissés par l'absent. Le bénéfice d'inventaire leur est accordé. A défaut d'un tel inventaire et dans les cas prévus par l'article 1077, ils perdent le privilège accordé ci-dessus, sans préjudice des obligations mentionnées dans l'article précédent (533).

Sauf les dispositions qui précèdent, et pour autant qu'il n'a pas été ordonné autrement, les héritiers présomptifs peuvent partager provisoirement entre eux les biens de l'absent, dans la possession desquels ils sont entrés, en observant les prescriptions sur le partage de successions.

Toutefois ils ne peuvent pas vendre les immeubles, lesquels seront, s'ils ne peuvent être partagés, mis sous séquestre, pour leurs revenus être répartis comme il sera convenu lors du partage.

Il sera dressé acte de toutes les opérations, et mention sera faite de ce qui a été déboursé à des légataires ou d'autres ayant droit (534).

L'inventaire et l'acte mentionné dans l'article précédent, ainsi que l'acte par lequel la caution est donnée, doivent être transportés et gardés au greffe du tribunal, qui a rendu le jugement de décès présumé (535).

Ceux qui, par suite des dispositions précédentes, ont reçu des immeubles dans leur part, ou ont été chargés de leur administration, peuvent exiger pour leur sécurité, que ces biens soient examinés par des experts, à nommer à cette fin par le tribunal de l'arrondissement où ils sont situés, et une description de leur état sera faite. Après que les experts ont rapporté au tribunal, et que celui-ci aura approuvé ce rapport, le ministère public entendu, la description avec le rapport seront déposés au greffe (536).

Les immeubles de l'absent, qui ont été assignés à l'un des héritiers présomptifs ne peuvent être aliénés, ni hypothéqués, avant que le temps, déterminé par l'article 540, ne soit écoulé, sauf pour des motifs importants, et avec le consentement du tribunal de l'arrondissement (537).

Lorsque l'absent retourne, après la déclaration de décès présumé, ou qu'il arrive une preuve qu'il est encore en vie, ceux qui ont perçu des fruits et des revenus de ses biens, sont obligés de les rendre, savoir : la moitié, lorsque le retour a lieu dans les quinze ans après le jour du décès présumé, exprimé dans le jugement ; le quart, lorsque le retour a lieu plus tard, mais avant que trente ans après cet instant se soient écoulés.

Le tout sous la réserve que le tribunal qui a prononcé le jugement de décès présumé, peut régler d'une autre manière, en vue de l'exiguité des biens laissés, la restitution de fruits et de revenus et même en dispenser entièrement (538).

Lorsque l'absent est marié en communauté de biens, ou seulement d'acquêts, ou de fruits et revenus, et que son conjoint veut continuer la communauté existante, il peut empêcher la prise de possession provisoire des héritiers présomptifs et l'exercice des droits, qui ne naîtraient que par la mort de l'absent, et se charger de l'administration des biens de préférence à tous les autres, sous l'obligation de l'inventaire mentionné dans l'article 533.

Mais la suspension de cette prise en possession et de ses suites ultérieures ne peut durer au-délà de dix années, à compter du jour exprimé par le jugement, par lequel le décès présumé a été déclaré.

Si le conjoint ne s'oppose pas à la prise de possession par les héritiers présomptifs, il se mettra en possession de sa part dans la communauté, ou de ses propres biens, et de tout ce à quoi il aurait droit d'ailleurs, pourvu qu'il donne caution pour les biens, qui sont sujets à restitution.

La femme qui préfère la continuation de la communauté, conserve le droit d'abandonner cette communauté, dans la suite (539).

Lorsque trente ans se sont écoulés après le jour du décès présomptif exprimé dans le jugement, ou que cent ans se sont écoulés depuis la naissance de l'absent, les garants sont déchargés, et le partage des biens reste maintenu, s'il a été fait ; dans le cas contraire les héritiers présomptifs peuvent procéder à un arrangement définitif, et tous les autres droits sur cette succession peuvent être exercés définitivement. Le bénéfice d'inventaire cesse alors, et les héritiers peuvent être contraints à accepter ou à refuser selon le droit commun (540).

Si, avant le temps exprimé dans l'article précédent, le décès de l'absent est prouvé, ceux qui, au moment de ce décès, ont obtenu en vertu de la loi ou de dispositions testamentaires des droits sur la succession peuvent demander compte, justification et remise de la manière prescrite par les articles 532 et 538 (541).

Si l'absent revient, ou témoigne de son existence trente ans après le jour de son décès présumé exprimé par le jugement, il a seulement droit à redemander ses biens, dans l'état où ils se trouvent, ainsi que le prix des biens qui ont été vendus, sans aucuns fruits ni revenus (542).

De même les enfants et descendants de l'absent n'auront droit à la restitution des biens, que pour autant qu'ils se présentent dans trente ans après le laps de temps fixé par l'article 540 (543).

Lorsqu'il a été déclaré par jugement qu'il existe une présomption juridique de décès, toutes les actions judiciaires à la charge de l'absent, doivent être intentées contre les héritiers présomptifs, qui ont pris possession de ses biens ; sauf le droit de ces derniers de faire valoir le bénéfice d'inventaire (544).

Quiconque réclame un droit du chef d'un absent, droit qui n'aurait été dévolu à l'absent qu'après que son existence est devenue incertaine, est obligé à prouver que l'absent vivait au moment où le droit lui est échu ; aussi longtemps qu'il ne prouve pas ceci, il sera non recevable dans son action (545).

Lorsqu'une succession ou un legs échoit à un absent dont l'existence est incertaine, auxquels, s'il ne fût pas en vie, d'autres auraient droit, ou dans lequel d'autres devraient partager avec lui, les ayant-droit en prendront possession comme si cette personne fût décédée, sans qu'ils soient obligés de prouver son décès ; ils doivent cependant en obtenir auparavant la permission du tribunal où la maison mortuaire est située, et ce tribunal peut ordonner, si cela est nécessaire, des citations publiques, et prendre en faveur des intéressés les mesures préventives nécessaires (546).

Les dispositions des deux articles précédents n'excluent pas la faculté de réclamer les successions et tous les autres droits, qui paraîtraient ultérieurement compéter à l'absent ou à ses ayant-droit. Cette faculté et ces droits s'éteignent seulement par le laps de temps requis à la prescription (547).

Si après cela l'absent retourne, ou que son droit est poursuivi en son nom, la restitution de fruits et de revenus peut être exigée, à compter du jour où le droit est survenu à l'absent, de la manière et selon les dispositions de l'article 538 (548).

Si, hors le cas d'abandon malicieux, un des conjoints est absent pendant dix ans de son domicile, sans qu'aucune nouvelle est arrivée de sa vie ou de sa mort, le conjoint survivant a la faculté, en ayant obtenu la permission du tribunal de l'arrondissement du domicile commun, de citer l'absent par trois citations publiques successives, de la manière prescrite par les articles 523 et 524 (549 ; voyez les articles 1 et 2 de la loi de 1855, cités plus haut).

Si, à la troisième citation, ni l'absent, ni un autre a comparu pour lui, qui rend suffisamment évidente son existence, le tribunal peut permettre au conjoint survivant de contracter un autre mariage. Les dispositions de l'article 525 sont applicables ici (550).

Si, après la permission accordée, mais avant la conclusion d'un autre mariage, l'absent comparaît, ou quelqu'un présente la preuve de sa vie, la - permission accordée est nulle de droit.

Après la conclusion d'un autre mariage, l'absent a droit de contracter aussi de sa part un autre mariage (551).

Si le père quitte son domicile, en laissant des enfants mineurs, sans avoir mis ordre à ses affaires, la mère exercera tous les droits du mari, tant par rapport à l'éducation des enfants, qu'à l'administration de leurs biens. Les parents ou alliés du père absent peuvent s'y opposer auprès du juge de paix, qui décide alors, sauf l'appel au tribunal de l'arrondissement (552).

Si un des conjoints, veuf ou ayant des enfants mineurs d'un mariage antérieur, quitte son domicile, sans avoir pris soin de ses enfants mineurs, le juge de paix pourvoit provisoirement à la tutelle, en observant les dispositions contenues dans la cinquième section du seizième titre de ce livre (553).

Il en sera de même si le père et la mère sont absents, ou si l'un des conjoints vient à mourir, après que l'autre a quitté son domicile, sans avoir pris soin des enfants mineurs, comme aussi dans le cas où des enfants mineurs naturels ont été abandonnés.

Même mesure, lorsque l'un des parents a été destitué de la puissance paternelle et que l'autre a quitté son domicile, sans avoir pris soin de ses enfants mineurs (554, le second alinéa a été ajouté par l'article 8 de la loi du 26 Avril 1884, *Bulletin des lois* n° 93).

Interdits.

Le majeur, qui se trouve dans un état continuel d'imbécillité, de démence ou de fureur, doit être mis sous curatelle, même lorsqu'il possède par intervalles l'usage de ses facultés intellectuelles.

Une personne majeure peut aussi être mise sous curatelle pour cause de dissipation (487).

Chaque parent a la faculté de demander la mise sous curatelle de son parent pour cause d'imbécillité, de démence ou de fureur.

Pour cause de dissipation la curatelle ne peut être demandée que par les parents en ligne directe, et par ceux en ligne collatérale jusqu'au quatrième degré inclus. Dans l'un et l'autre cas, l'un des conjoints peut demander que l'autre soit mis sous curatelle.

Celui qui sent ne pas être en état, par faiblesse de ses facultés, de soigner convenablement ses propres intérêts peut demander lui-même à être mis sous curatelle (488).

Lorsque, en cas de fureur, la curatelle n'a pas été demandée par les personnes mentionnées dans l'article précédent, le ministère public est obligé de la provoquer d'office.

En cas d'imbécillité ou de démence, la curatelle peut être de même exigée par le ministère public contre celui qui n'a pas de conjoint, ni des parents connus dans le Royaume (489).

Les demandes doivent être présentées au tribunal de l'arrondissement du domicile de celui contre qui la demande est dirigée (490).

Les faits, qui tendent à établir l'imbécillité, la démence, la fureur ou la dissipation, doivent être indiqués spécialement dans la requête écrite, et les pièces justificatives, ainsi que l'indication des témoins doivent y être ajoutées (491).

Si le tribunal juge que les faits sont suffisamment importants pour justifier une curatelle, il entendra les parents ou alliés (492).

Le tribunal devra ensuite interroger celui dont la mise sous curatelle a été demandée ; s'il est hors d'état de se déplacer, l'interrogatoire aura lieu à son domicile, par un ou plusieurs juges nommés à cette fin, accompagnés du greffier, et, en tout cas, en présence du ministère public.

L'interrogatoire ne pourra avoir lieu qu'après que la requête écrite ainsi que le rapport, contenant les opinions émises par les parents, auront été signifiés à celui dont la mise sous curatelle a été demandée (493).

Le tribunal pourra ensuite, s'il juge être suffisamment

éclairé, décider sur la requête écrite sans autres formalités ; dans le cas contraire, il ordonnera l'audition de témoins, afin d'élucider les faits avancés (494).

Après l'interrogatoire mentionné dans l'article 493, le tribunal nommera, s'il y a lieu, un administrateur provisoire, pour prendre soin de la personne et des biens de celui dont la mise sous curatelle a été demandée (495).

Le jugement concernant une demande en curatelle sera prononcé en audience publique, après l'interrogatoire ou la citation préalable des parties, et sur les conclusions du ministère public (496).

En cas d'appel, le juge supérieur peut procéder à de nouveaux interrogatoires (497).

Tout jugement ou arrêt, par lequel la curatelle a été accordée, sera signifié à la diligence des demandeurs, dans les dix jours, à la partie adverse et publié dans les journaux officiels. ainsi que dans un journal de la province, le tout sous peine de dommages et intérêts, s'il y a lieu (498).

Lorsque la curatelle est demandée, conformément au quatrième alinéa de l'article 488, le tribunal interroge les parents ou alliés et le conjoint du demandeur, et les dispositions contenues dans les articles 493, 494, 495, et 496, seront observées. Le ministère public veille dans ce cas à la publication du jugement, de la manière prescrite par l'article 498 (499).

La curatelle produira ses effets, à compter du jour où le jugement ou l'arrêt aura été prononcé.

Tous les actes, qui ont été accomplis postérieurement par l'interdit, sont nuls de droit.

Toutefois, celui qui a été mis sous curatelle pour cause de dissipation, conserve la faculté de faire son testament (500).

Si la curatelle a été accordée du chef d'imbécillité, de démence ou de fureur, les actes antérieurs pourront être annulés, si la cause de la curatelle existait notoirement à l'instant où ces actes ont été accomplis (501).

Les actes accomplis par une personne décédée, à l'exception seulement des testaments, ne peuvent être attaqués du chef d'imbécillité, de démence ou de fureur, sauf le cas où la curatelle aurait été accordée ou demandée avant son décès, et à moins que la preuve de la maladie ne résulte de l'acte attaqué lui-même (502).

Aussitôt que le jugement en curatelle aura acquis force de chose jugée, un curateur et un subrogé-curateur seront nommés par le juge de paix en observant les dispositions prescrites par la cinquième section du seizième titre du Code civil Néerlandais.

Dans ce cas la gestion de l'administrateur provisoire cesse et celui-ci est obligé à rendre compte au curateur ; lorsqu'il est lui-même nommé curateur, la reddition du compte peut se faire au subrogé-curateur (503).

Le mari devient de droit le curateur de sa femme mise sous curatelle (504) ; la réciproque est permise, et dans ce cas, le juge de paix nommera un subrogé-curateur, après l'interrogatoire ou la citation préalable des parents ou alliés de l'interdit, et il règlera en même temps la forme et les conditions de l'administration ; sauf l'appel de la femme au tribunal de l'arrondissement, si elle se croit lésée par la décision du juge de paix (505).

L'interdit est assimilé à un mineur.

Les dispositions des articles 95^a et 206 sont applicables à celui qui, ayant été mis sous curatelle pour cause de dissipation, veut contracter mariage.

Les dispositions légales concernant la curatelle de mineurs, se trouvant dans l'article 386 jusques et y compris l'article 399, dans l'article 424 jusques et y compris l'article 443, dans les articles 444, 445, 446, 449 et suivants des sections onzième et douzième du titre seizième, sont applicables aussi en cas de curatelle (506).

Lorsque la personne mise sous curatelle a des enfants mineurs, et que l'autre conjoint est décédé, ou se trouve dans l'impossibilité de remplir la tutelle, le curateur de l'interdit sera en même temps le tuteur de ces mineurs (507).

Les revenus de celui qui a été mis sous curatelle pour cause d'imbécillité, de démence ou de fureur, doivent être employés spécialement à adoucir son sort et à favoriser sa guérison (508).

Le tribunal de l'arrondissement a également la faculté de faire placer la personne, qui a été mise sous curatelle selon le dernier alinéa de l'article 487 pour cause de dissipation, dans une maison de correction, si sa propre sûreté ou la moralité publique l'exigent et qu'elle est dangereuse pour la société par une conduite extravagante et méchante. S'il y a urgence absolue et que le délai jusqu'à la fin de l'examen judiciaire pourrait être dangereux, le tribunal a la faculté d'ordonner des mesures préventives, et, s'il est nécessaire, l'arrestation (511).

La demande en détention préalable peut être faite au tribunal par le conjoint de la personne mise ou à mettre sous curatelle, par ses parents en ligne directe, et par ceux en ligne collatérale, jusqu'au troisième degré inclusivement, par son curateur, et par le ministère public, qui devra toujours être entendu en cette matière.

La demande ayant pour objet cette détention ou son prolongement, doit être signifiée à celui contre lequel elle est dirigée.

Il a la faculté d'y opposer ses griefs auprès du tribunal, et même, par voie d'appel, auprès du juge supérieur; mais l'ordonnance peut être déclarée exécutoire provisoirement s'il y a des motifs suffisants.

La fin de la détention peut être également demandée par lui, et le tribunal de l'arrondissement entendra, avant de l'accorder, tous ceux qui, selon l'article précédent, avaient la faculté de la demander.

La décision à intervenir est soumise à l'appel (513).

L'enfant mineur d'une personne mise sous curatelle ne peut contracter mariage qu'en observant les dispositions des articles 95 et 206 (514).

Personne, à l'exception des conjoints et des parents dans la ligne ascendante ou descendante, n'est obligé de conserver une curatelle ou subrogée-tutelle plus longtemps que huit ans ; après ce délai, le curateur ou subrogé-tuteur peut demander sa démission, et celle-ci doit lui être accordée (515).

La curatelle finit avec les causes qui l'ont motivée ; cependant sa suppression ne sera accordée que moyennant les formalités prescrites par la loi pour obtenir la curatelle, et celui qui a été mis sous curatelle, ne pourra reprendre l'exercice de ses droits, avant que le jugement n'ait acquis force de chose jugée (516).

La levée de la curatelle doit être publiée de la manière prescrite par l'article 498 (517).

Le mineur qui se trouve dans un état d'imbécillité, de démence ou de fureur, n'est pas mis sous curatelle, mais reste sous la surveillance de son père, de sa mère ou de son tuteur (518 al. 1).

Les articles 509, 510 et 518 al. 2 ont été supprimés par l'article 43 de la loi du 27 Avril 1884. (*Bulletin des lois* n° 96).

Pour faire ou révoquer un testament on doit posséder ses facultés intellectuelles (942) (1).

Femmes mariées.

Afin d'éviter des redites, je traiterai de ce sujet, pour autant qu'il n'en a pas encore été question dans ce qui précède, en parlant du mariage.

Mort civile.

Aucune peine n'entraîne la mort civile ou la perte de tous les droits civils (4 C. C.).

---

(1) A comparer les articles 1118 et suivants, cités plus haut.

§ IV. Personnes civiles ou juridiques.

Cette matière n'a été traitée d'une manière complète et régulière, ni dans le code civil Néerlandais, ni dans la législation subséquente.

Quoique le titre X du troisième livre du Code civil (articles 1690 et suiv.) traite des corps moraux et que l'idée que la loi s'en forme porte un caractère général, il n'y est toutefois question que d'une catégorie déterminée de personnes juridiques, de sorte que ces dispositions ne sont pas applicables à d'autres personnes juridiques. Et de celles-ci il n'est traité nulle part de la même manière, de sorte qu'il faut recourir à des dispositions dispersées par-ci par-là. Car il y a des personnes juridiques d'un caractère très différent ; et quoique la loi ne reconnaisse expressément comme telles que des réunions d'hommes, il n'en faut pas conclure qu'elle exclut l'existence des autres personnes juridiques. La loi reconnaît dans les articles 855 alinéa 2 et 857 C. C. l'usufruit en faveur des corps moraux ; dans l'article 947 C. C. elle suppose l'existence des institutions publiques, des établissements religieux, des églises et des institutions pour les pauvres, qui peuvent être favorisés par testament ; dans l'article 1717 C. C., celle des institutions publiques et religieuses, auxquelles il est permis de faire des donations ; dans l'article 1183 C. C. elle établit le privilège de la caisse nationale, des caisses des gouvernements provinciaux, municipaux, des digues, polders, districts fluviaux et d'autres communautés portant un caractère analogue ; dans l'article 1889 alinéa 3 C. C. la faculté des communes et institutions publiques de contracter des conventions ; dans l'article 1991 C. C. est mentionnée la prescription par rapport à l'Etat, les communes et d'autres établissements publics ; la loi règle dans l'article 4 § 2 et 3 du Code de procédure civile les citations à adresser aux institutions ou fondations et aux corps moraux et aux communes ; dans l'article 242 du même code, la manière dont les administrateurs d'institutions publiques, de fondations et de corps moraux peuvent être entendus en interrogatoire sur faits et articles ; enfin l'article 324 numéro 1 prévoit que l'Etat, les provinces, les communes, les institutions pour les pauvres et d'autres fondations publiques peuvent ester en justice soit en demandant, soit en défendant.

De tout ce qui précède, on peut conclure : 1° que la loi reconnait en général tout ce qui, hors de l'homme individuel se présente dans la vie sociale comme ayant des droits, par conséquent comme une personne, quel qu'en soit le caractère ; 2° que toute personne juridique peut se faire valoir comme telle sans autorisation de l'autorité, à moins que celle-ci ne soit prescrite. Or pour des réunions de personnes, non instituées par une loi, mais contractées de leur propre gré par les membres cette autorisation est requise par les lois du 22 Avril 1855. (*Bulletin des lois*, n° 32) et du 14 Septembre 1866 (*Bulletin des lois*, n° 123), *pour régler et restreindre le droit de réunion et d'assemblée*, et la loi du 17 Novembre 1876 (*Bulletin des lois*, n° 227) *sur les réunions coopératives*. A côté des sociétés proprement dites, la loi reconnaît aussi comme corps moraux des réunions de personnes soit qu'elles aient été instituées ou reconnues comme telles par l'autorité publique, soit qu'elles étaient permises comme licites, ou ont été composées dans une intention déterminée, non contraire aux lois ou aux bonnes mœurs (1690 C. C.).

Tous les corps moraux ayant une existence légale ont le droit, comme les personnes particulières, de poser des actes civils, sans préjudice des règlements publics par lesquels cette compétence pourrait avoir été modifiée, restreinte ou soumise à certaines formalités (1691 C. C.).

Les gérants d'un corps moral ont le droit pour autant qu'il n'a pas été statué autrement par les institutions, les conventions et les règlements, d'agir au nom du corps, de l'obliger à des tiers et des tiers à lui, ainsi que se présenter en droit, tant comme demandeurs que comme défendeurs (1692 C. C.)

Tous les actes, pour lesquels les gérants étaient incompétents, n'obligent le corps moral que pour autant qu'il en a retiré réellement du profit, ou que les actes ont été approuvés postérieurement (1693 C. C.).

Lorsque les institutions, les conventions et les règlements ne déterminent rien concernant la gestion du corps moral, aucun des membres n'est compétent pour agir en son nom, ni pour l'obliger vis-à-vis des tiers sous réserve de l'article précédent (1694 C. C.).

Si le contraire n'est déterminé par les institutions, les conventions et les règlements, les gérants sont obligés à rendre compte et justification à l'ensemble des membres du corps moral, et chaque membre a la faculté de les citer en justice à cette fin (1695 C. C.).

Lorsque dans les institutions, les conventions et les règlements des dispositions spéciales ne règlent pas le droit de vote, chaque membre d'un corps moral a un droit égal à émettre sa voix, et la décision dépend de la majorité des votes (1696 C. C.).

Les droits et obligations des membres assemblés sont réglés par l'acte constitutif ou les règlements, et, pour autant que ceux-ci font défaut, par les dispositions du présent titre (1697 C. C.).

Les membres d'un corps moral ne sont pas personnellement responsables de ses obligations (1698 C. C.).

Le corps moral institué par l'autorité publique n'est pas anéanti par la mort ou le désistement de la qualité de membre de tous les membres ; il continue à exister comme tel, jusqu'à ce qu'il a été dissous légalement.

Lorsque tous les membres font défaut, ainsi qu'il vient d'être dit, le tribunal de l'arrondissement, dans le ressort duquel le corps est fixé, est compétent pour prendre sur la demande des intéressés, ou à la requête du ministère public, les mesures, qui pourraient être requises dans l'intérêt du corps moral (1699 C. C.).

Tous les autres corps moraux subsistent jusqu'à ce qu'ils

soient dissous expressément, selon leurs institutions, règlements ou conventions, ou jusqu'à ce que le but ou l'objet de la communauté vienne à cesser (1700 C. C.).

Lorsque les règlements d'un corps moral, ou ses institutions, règlements et conventions ne contiennent pas d'autres dispositions, le droit de ces membres est personnel, et ne passe pas aux héritiers (1701 C. C.).

Lors de la dissolution d'un corps moral les membres qui restent sont tenus de payer les dettes à concurrence de l'actif et ils ne peuvent partager entre eux que le solde final.

Ils sont soumis, quant à la citation des créanciers, le payement du compte et de la justification, et le payement des dettes, aux mêmes obligations que les héritiers ayant accepté une succession sous bénéfice d'inventaire.

Faute de les observer, ils sont personnellement et solidairement responsables des dettes, et ils en transmettent la charge à leurs héritiers (1702 C. C.).

Abstraction faite des réunions d'hommes, des corps moraux, dont je viens de parler, il y a encore d'autres personnes juridiques portant un caractère différent. Les catégories suivantes méritent l'attention à ce point de vue.

1° Quoique la société proprement dite ne puisse être considérée comme une personne, et quoiqu'il y ait une différence essentielle entre les corps moraux et les sociétés, toutefois certaines sociétés peuvent posséder sous certains rapports et dans une moindre mesure la personnalité juridique. Ce sont notamment les sociétés commerciales, auxquelles une certaine personnalité ne saurait être niée. Enfin toutes les sociétés reconnues par l'autorité compétente doivent être considérées comme des personnes juridiques.

2° Sont aussi personnes juridiques l'Etat, la province, la commune, le district fluvial.

3° Sont encore des personnes juridiques les fondations.

---

§ V. Du Mariage.

La loi ne considère le mariage que sous ses rapports civils (83).

Le libre consentement des futurs époux est requis par l'essence même du mariage (85).

L'homme, n'ayant pas accompli l'âge de dix-huit ans, la femme n'ayant pas accompli l'âge de seize ans, ne peuvent pas contracter un mariage.

La Reine peut dispenser pour des motifs graves de cette prescription (86).

Le mariage est interdit entre toutes les personnes, qui sont apparentées en ligne ascendante et descendante, soit par naissance légitime ou illégitime, soit par alliance ; et en ligne collatérale entre le frère et la sœur, légitimes ou illégitimes (87).

Le mariage est encore interdit :

1° entre le beau-frère et la belle-sœur, légitimes ou illégitimes ;

2° entre l'oncle ou grand-oncle et la nièce ou arrière-nièce, ainsi que entre la tante ou grande-tante et le neveu ou arrière-neveu, légitimes ou illégitimes.

La Reine peut accorder une dispense pour des motifs graves (88).

Une femme condamnée pour adultère, ne peut épouser son complice (89).

Entre personnes, dont le mariage a été dissous par divorce, pour quelque motif que ce soit, un nouveau mariage ne peut jamais avoir lieu (90).

Une femme ne peut contracter un nouveau mariage qu'après trois cents jours depuis la dissolution du mariage antérieur(91).

Les enfants légitimes ne peuvent contracter un mariage, pendant leur minorité, sans avoir demandé et obtenu le consentement de leur père et de leur mère, soit d'eux deux, soit du père seul, si la mère ne se déclare pas, on diffère du père en opinion.

Dans le dernier cas, le père est tenu, de déclarer, soit dans l'acte de consentement, soit par devant l'officier de l'état civil, que le consentement de la mère a été demandé.

Lorsque le père est décédé, ou se trouve dans l'impossibilité de déclarer sa volonté, le consentement de la mère suffit (92).

Lorsque le père et la mère sont tous les deux décédés, ou se trouvent dans l'impossibilité de déclarer leur volonté, le grand-père du côté paternel les remplace.

A défaut du grand-père paternel, le consentement du grand-père maternel est requis (93).

Lorsque non seulement les grands-pères du côté paternel, mais aussi les grands pères du côté maternel font défaut, le consentement de la grand-mère du côté paternel, est requis et à son défaut, celui de la grand-mère du côté maternel (94).

Lorsque le père et la mère, ainsi que les aïeuls et aïeules font défaut, ou lorsqu'ils se trouvent tous dans l'impossibilité de déclarer leur volonté, les enfants légitimes ne peuvent contracter mariage, aussi longtemps qu'ils sont mineurs, sans le consentement de leur tuteur et de leur subrogé-tuteur.

Dans le cas de refus du consentement le juge de paix peut, sur la demande du mineur, accorder le consentement au mariage, après avoir entendu ou convoqué le tuteur et le subrogé-tuteur, ainsi que quatre des plus proches parents, domiciliés dans le Royaume et majeurs, jusqu'au degré de cousin germain inclus, à choisir autant que possible en nombre égal dans les deux lignes.

A défaut de parents dans le Royaume, le nombre sera complété par des personnes majeures et habitant dans les Pays-Bas, qui sont apparentées par alliance au demandeur dans le degré mentionné ci-dessus.

Lorsqu'il n'y a pas de proches dans le Royaume, ou lorsque, après citation aucun des parents ou des alliés ne comparaît, le juge de paix accordera ou refusera le consentement, après avoir demandé l'avis du tuteur et du subrogé tuteur, ou après les avoir cités (95).

Dans le cas prévu par le second alinéa de l'article précédent, tant l'enfant que le tuteur, le subrogé-tuteur et les proches qui ont comparu, sont autorisés à s'opposer auprès du tribunal de l'arrondissement, au moyen d'une requête écrite, contre la décision du juge de paix. Le tribunal accordera ou refusera le consentement demandé par jugement définitif, sur cette demande, après l'interrogatoire de la partie adverse et du ministère public, et sans autre forme de procès (96).

Les enfants naturels, reconnus légalement par le père, ne peuvent contracter mariage, aussi longtemps qu'ils sont mineurs, que du consentement de leur père.

A défaut du père, le consentement de la mère est requis (97).

Les enfants naturels, mais non reconnus, ou ceux qui, après avoir été reconnus, ont perdu leur père et leur mère, ou dont les parents seraient hors d'état de déclarer leur volonté, ne peuvent contracter mariage aussi longtemps qu'ils sont mineurs, sans le consentement de leur tuteur ou de leur subrogé-tuteur. En cas de refus, le juge de paix pourra accorder l'autorisation, après interrogatoire ou citation préalable du tuteur et subrogé-tuteur, sauf l'appel, soit des enfants, soit de leur tuteur ou subrogé-tuteur de la manière qu'il a été prescrit par l'article 96 (98).

Les enfants légitimes, qui sont majeurs mais n'ont pas encore accompli leur trentième année, sont de même obligés de demander le consentement de leur père et de leur mère pour contracter un mariage.

Lorsqu'ils n'ont pas obtenu ce consentement, ils peuvent invoquer l'intercession du juge de paix, dans le ressort duquel le père ou la mère sont domiciliés, et cela en observant les dispositions des articles suivants (99).

Endéans les trois semaines, à compter du jour auquel la requête a été adressée au juge de paix, celui-ci fera comparaître devant lui le père, ou, à défaut du père, la mère, ainsi que l'enfant, afin de leur faire toutes les observations qu'il jugera à propos dans leur intérêt réciproque. Le juge de paix dressera un procès-verbal de la comparution des parties, sans y indiquer les motifs qui ont été avancés de part et d'autre (100).

Si le père, ou, à son défaut, la mère ne comparaît pas, il sera passé outre au mariage, sur la représentation de l'acte, par lequel la non-comparution est démontrée (101).

Si l'enfant ne comparaît pas, le mariage ne pourra être contracté, sans une nouvelle demande en intercession (102).

Si les parties ont comparu, et que le père, ou, à son défaut, la mère persiste dans le refus, le mariage ne pourra avoir lieu, qu'après trois mois à compter du jour de la comparution (103).

Les dispositions des cinq derniers articles sont également applicables aux enfants naturels, par rapport aux personnes, dont le consentement au mariage est requis par l'article 97 (104).

Toute personne qui veut contracter mariage, doit en faire la déclaration à l'officier de l'état civil du domicile d'une des parties (105).

Cette déclaration sera faite en personne, ou par écrit, pourvu que l'intention des futurs époux, soit démontrée avec une certitude suffisante ; il en sera dressé acte par l'officier de l'état civil (106).

Avant la célébration du mariage, l'officier de l'état civil fera deux publications devant la porte de la maison commune, et cela à deux dimanches consécutifs.

Ces publications de mariage, et l'acte qui en doit être dressé, contiendront :

1° les prénoms, noms, l'âge, la profession et le domicile des futurs époux, et, s'ils ont été mariés déjà auparavant, les noms du conjoint précédent ;

2° les prénoms, noms, la profession et le domicile de leurs parents ;

3° le jour, le lieu et l'heure où les publications ont eu lieu, avec l'indication si c'est la première ou la seconde (107).

Lorsque les futurs époux n'ont pas leur domicile dans la même commune, les deux publications devront se faire dans les communes, où chacune des parties est domiciliée (108).

Si les futurs époux n'ont eu leur domicile que six mois dans une commune, les publications du mariage devront se faire en outre dans la commune, où ils ont été domiciliés en dernier lieu (109).

Un extrait de l'acte de publication restera affiché pendant le temps qui s'écoule entre la première et la seconde publication à la porte de la maison commune, dans les localités où ces publications ont été faites (110).

La Reine, ou les fonctionnaires qu'elle indiquera à cette fin, peut accorder, pour des motifs graves, la dispense de la seconde publication (111).

Lorsque le mariage n'a pas été contracté dans l'année à compter de la première publication, il sera fait de nouvelles publications (112).

La promesse de mariage ne donne pas ouverture à une action pour contracter le mariage, ni en restitution de frais, dommages et intérêts, à cause du non accomplissement des promesses ; toutes conventions en dommages-intérêts de ce chef sont nulles.

Cependant si la déclaration de mariage à l'officier de l'état civil a été suivie d'une publication, on pourra exiger des dommages et intérêts, du chef des pertes effectives que l'une des parties pourrait avoir souffertes dans ses biens, par le refus de l'autre, sans que le bénéfice espéré puisse entrer en ligne de compte.

Cette action judiciaire se prescrit par dix-huit mois, à compter de la publication du mariage (113).

Le droit de suspendre la célébration d'un mariage, n'appartient qu'exclusivement aux personnes et dans les cas, prévus dans les articles suivants (114).

Celui qui se trouve encore dans les liens du mariage avec une des parties, ainsi que les enfants nés de ce mariage, peuvent faire opposition, mais seulement en se basant sur le mariage existant (115).

Le père, ou à son défaut, la mère, peuvent faire opposition au mariage, dans les cas suivants :

1° lorsque leur enfant mineur n'a pas obtenu le consentement requis ;

2° lorsque leur enfant majeur, n'ayant pas accompli sa trentième année, a négligé de demander leur consentement, ou, en cas de refus, l'intervention de juge de paix qui est requise selon l'article 99 ;

3° lorsqu'une des parties a été mise sous curatelle, à cause du défaut de capacités intellectuelles, ou que la curatelle a été demandée de ce chef, et qu'une décision n'est pas encore intervenue ;

4° lorsqu'une des parties ne possède pas les qualités nécessaires pour contracter mariage conformément aux dispositions de la première section de ce titre ;

5° lorsque les publications requises n'ont pas eu lieu ;

6° lorsqu'une des parties a été mise sous curatelle du chef de dissipation, et que le mariage projeté entraînerait positivement le malheur de l'enfant (116).

A défaut des parents, les grands-parents peuvent faire opposition au mariage de leurs petits-enfants, pour les raisons exprimées dans les numéros 1, 3 à 6 de l'article précédent.

L'opposition ne peut avoir lieu, pour autant qu'il s'agit du motif mentionné dans le premier alinéa, qu'exclusivement en observant l'ordre établi par les articles 93 et 94 (117).

A défaut de grands-parents, les frères, sœurs, oncles et tantes, ainsi que le tuteur, le curateur ou leurs subrogés peuvent faire opposition :

1° lorsque les dispositions des articles 93 et 95, concernant l'obtention du consentement à contracter le mariage n'ont pas été observées ;

2° pour les raisons exprimées par les alinéas 3, 4, 5 et 6 de l'article 116 (118).

Le mari, dont le mariage a été dissous par divorce, peut suspendre le mariage de sa femme divorcée, lorsqu'elle veut contracter un nouveau mariage, avant les trois cents jours de la dissolution du mariage antérieur (119).

Le ministère public doit faire suspendre un mariage projeté, dans les cas mentionnés dans les articles 89 jusqu'à 91 inclusivement (120).

Le tribunal de l'arrondissement, dans le ressort duquel est située la commune où le mariage doit être contracté, est saisi de l'opposition au mariage (121).

Dans l'acte d'opposition tous les moyens sur lesquels l'opposition se fonde, doivent être exprimés, et il n'est pas permis d'avancer de nouveaux moyens, à moins qu'ils ne fussent survenus qu'après la notification de l'opposition (122).

Le code de procédure civile fixe les règles à suivre pour l'opposition et pour la demande en main levée (123).

Lorsque l'opposition a été rejetée, les opposants peuvent être condamnés aux dommages et intérêts, à l'exception des parents dans la ligne ascendante et descendante, et du ministère public (124).

Lorsqu'il y a eu opposition à un mariage, l'officier de l'état civil ne pourra procéder à la célébration qu'après remise d'un jugement entré en force de chose jugée, ou d'un acte authentique par lequel main levée est donnée, sous peine de dommages et intérêts.

Si le mariage a été célébré avant que l'opposition fut levée, la procédure n'en suivra pas moins son cours, et le mariage pourra être annulé, si elle est validée (125).

Avant de procéder à la célébration d'un mariage l'officier de l'état civil se fera remettre :

1° l'acte de naissance de chacun des futurs époux ;

2° un acte authentique, contenant le consentement du père, de la mère, du grand-père et de la grand'mère, du tuteur et du subrogé-tuteur, ou bien le consentement obtenu du juge, dans le cas où il est requis ; ce consentement peut être donné aussi dans l'acte du mariage ;

3° l'acte, établissant que l'intervention du juge de paix a eu lieu, dans les cas où celle-ci est requise ;

4° en cas d'un second mariage ou d'un mariage ultérieur, l'acte de décès de l'époux précédent, ou l'acte de divorce, ou bien la copie du permis du juge, accordé en cas d'absence de l'autre conjoint ;

5° l'acte de décès de tous ceux qui auraient dû donner leur consentement au mariage ;

6° la preuve que les publications du mariage ont été faites sans opposition, à l'endroit où ces publications sont requises, conformément à l'article 107 et suivants de ce titre, ou bien que l'opposition faite a été annulée (126).

Celui des futurs époux, qui se trouverait dans l'impossibilité de présenter l'acte de naissance, requis selon le premier alinéa de l'article précédent, pourra y suppléer par un acte de notoriété, délivré par le juge de paix de son lieu de naissance ou de domicile, sur la déclaration de quatre témoins.

Cette déclaration contiendra la mention de l'endroit et, aussi précisément que possible, de l'instant de la naissance, ainsi que les raisons qui empêchent d'en remettre un acte.

Il pourra encore être suppléé au défaut d'un acte de naissance par une déclaration assermentée, faite par les témoins, qui doivent être présents à la célébration du mariage, ou bien par une déclaration assermentée faite par devant l'officier de l'état civil du futur époux, établissant qu'on ne peut pas se procurer un acte de naissance ou de notoriété.

Il sera fait mention de l'une ou de l'autre de ces déclarations dans l'acte de mariage (127).

Lorsque les parties sont dans l'impossibilité de présenter les actes de décès mentionnés dans l'article 126 n° 5, il pourra y être suppléé de la même manière que dans le cas de l'article précédent (128).

Lorsque l'officier de l'état civil refuse de célébrer un mariage, en invoquant l'insuffisance des pièces, les parties auront la faculté de s'adresser par requête au tribunal de l'arrondissement ; et ce tribunal décidera sommairement et sans appel, après avoir entendu le ministère public, ainsi que l'officier de l'état civil, s'il y a lieu (129).

Le mariage ne pourra être célébré, avant le troisième jour après celui de la dernière publication (130).

Le mariage sera célébré en public, dans la maison commune, par devant l'officier de l'état civil du domicile d'une des deux parties, et en présence de quatre témoins mâles, majeurs et domiciliés dans le Royaume (131).

Si une des parties ne sait, pour une cause légale suffisamment établie, se rendre à la maison commune, le mariage pourra être célébré dans une maison particulière située dans la même commune, pourvu qu'il ait lieu en présence de six témoins, et il sera fait mention dans l'acte de mariage de la cause qui y a donné lieu (132).

Les futurs époux doivent comparaître en personne devant l'officier de l'état civil (133).

La Reine pourra permettre, pour des raisons graves, de faire célébrer le mariage par un mandataire spécial autorisé par acte authentique.

Si le mandant s'est marié légitimement avec une autre personne, avant que le mariage ait été conclu, le mariage contracté par un mandataire sera considéré comme n'ayant pas eu lieu (134).

Les futurs époux devront déclarer, par devant l'officier de l'état civil et en présence des témoins, qu'ils rempliront fidèlement les devoirs que la loi impose (135).

Aucune cérémonie religieuse ne pourra avoir lieu, avant que les parties n'aient prouvé au ministre de leur culte, que le mariage a été contracté par devant l'officier de l'état civil (136).

Le juge civil prend connaissance des contraventions aux dispositions de ce titre prévues par les articles 465 et 466 C. P. (137, modifié par la loi du 31 décembre 1887, *Bulletin des lois*, n° 265).

Les mariages contractés dans un pays étranger, soit entre Néerlandais, soit entre Néerlandais et étrangers, sont valables, s'ils ont été contractés selon la forme en usage dans ce pays, pourvu que les publications de mariage aient eu lieu, dans ce Royaume, selon la seconde section de ce titre, qu'il n'y ait pas opposition au mariage, et que les époux néerlandais n'aient pas agi contre les dispositions, contenues dans la première section du même titre (138).

Dans l'année du retour des époux sur le territoire du Royaume, l'acte de la célébration du mariage contracté en pays étranger, devra être transcrit dans le registre public des mariages de leur domicile (139).

La nullité d'un mariage ne peut être prononcée que par le juge (140).

L'annulation d'un mariage, contracté contrairement à l'article 84, peut être demandée par celui qui est uni à l'un des époux par un mariage antérieur, par les époux eux-mêmes, par les parents dans la ligne ascendante, par tous ceux qui sont intéressés à la déclaration de la nullité, et par le ministère public.

Si la nullité du mariage antérieur est alléguée, la question sera jugée au préalable.

La validité d'un mariage, contracté sans le libre consentement des époux, ou de l'un d'eux, ne peut être contestée que par les époux ou par celui dont le consentement n'a pas été libre.

Lorsqu'il y a erreur dans la personne avec laquelle on est marié, la validité ne peut être contestée que par celui des époux qui a été induit en erreur.

Dans tous les cas mentionnés dans cet article, l'on n'est pas recevable dans l'action en nullité, lorsqu'il y a eu cohabitation continue pendant trois mois, depuis que l'époux a acquis sa complète liberté, ou que l'erreur a été découverte par lui (142).

Lorsqu'un mariage a été contracté par quelqu'un qui a été mis sous curatelle à cause de défaut de facultés intellectuelles, la validité du mariage peut être contestée par son père, sa mère et ses autres parents dans la ligne ascendante, ses frères, sœurs, oncles et tantes, ainsi que par le curateur, et enfin par le ministère public.

Après la suppression de la curatelle, la nullité ne peut être invoquée que par l'époux qui avait été mis sous curatelle ; la demande ne sera plus recevable, après une cohabitation de six mois, à compter de la suppression de la curatelle (143).

Lorsqu'un mariage a été contracté par une personne qui n'avait pas atteint l'âge requis par l'article 86, l'annulation pourra être demandée, soit par cet époux, soit par le ministère public.

La validité du mariage ne pourra cependant pas être contestée :

1° Lorsqu'au jour où l'action en nullité est introduite, les époux ont atteint l'âge requis ;

2° Lorsque la femme, qui n'avait pas atteint l'âge requis, est enceinte le jour de l'action judiciaire (144).

La nullité de tous les mariages, contractés au mépris des dispositions contenues dans les articles 87, 88, 89 et 90, peut être invoquée, soit par les époux eux-mêmes, par leurs père et mère ou ascendants, soit par tous ceux qui y sont intéressés, soit enfin par le ministère public (145).

Lorsqu'un mariage a été contracté sans le consentement du père, de la mère, des ascendants, du tuteur ou du subrogé-tuteur, la déclaration en nullité ne pourra être demandée que par ceux dont le consentement était requis.

L'action en nullité ne peut être intentée par les parents dont le consentement était requis, lorsque le mariage a été approuvé par eux expressément ou tacitement, ou lorsque six mois se sont écoulés sans opposition de leur part, depuis l'instant où ils ont été informés du mariage.

Quant aux mariages contractés en pays étrangers, il n'est pas présumé qu'ils en ont été informés, aussi longtemps que les époux auront négligé d'en faire transcrire l'acte conformément à l'article 139, sur les registres publics (146).

La nullité d'un mariage qui n'a pas été contracté par devant l'officier compétent de l'état civil, et en présence du nombre requis de témoins, peut être invoquée par les époux, les ascendants, ainsi que par le tuteur, le subrogé-tuteur, par tous ceux qui y sont intéressés, et par le ministère public.

En cas d'inobservation de l'article 131, pour autant qu'il s'agit de la qualité des témoins, le mariage n'est pas nécessairement nul, mais le juge décidera d'après les circonstances.

Dans tous les cas dans lesquels, conformément aux articles 141, 145 et 147, une action en nullité peut être intentée par ceux qui y sont intéressés, elle ne pourra l'être par les parents dans la ligne collatérale, ni par des enfants nés d'un autre mariage, ou par des étrangers, aussi longtemps que les époux vivent tous les deux, s'ils ne justifient d'un intérêt déjà acquis (148).

Après la dissolution du mariage, le ministère public n'est plus recevable à en demander la nullité (149).

Un mariage, qui a été déclaré nul, a pourtant toutes ses conséquences civiles, par rapport aux époux et aux enfants, lorsqu'il a été contracté de bonne foi par les deux époux (150).

Lorsque la bonne foi existe seulement dans le chef d'un des époux, le mariage n'a de conséquences civiles qu'au profit de cet époux et des enfants nés du mariage.

L'époux qui a été de mauvaise foi, peut être condamné à la restitution des frais, dommages et intérêts envers l'autre (151).

Dans les cas des deux articles précédents, le mariage cesse d'avoir des conséquences civiles, à compter du jour où il a été déclaré nul par jugement (152).

La nullité d'un mariage ne peut porter préjudice aux droits de tiers, qui ont contracté de bonne foi avec les époux (153).

L'existence d'un mariage ne peut être prouvée que par l'acte de célébration, inscrit sur les registres de l'état civil, sauf les cas prévus par les articles suivants (155).

Lorsqu'il est établi qu'il n'y a pas eu de registres, ou qu'ils ont été perdus, ou bien que l'acte de mariage y manque, la suffisance des preuves de l'existence du mariage est abandonnée à la discrétion du juge, pourvu qu'il y ait une possession manifeste de l'état de mariés (156).

La légitimité d'un enfant ne peut être attaquée, si, à défaut d'acte de mariage de ses parents décédés, il a une possession d'état conforme à son acte de naissance, et que les parents ont vécu publiquement comme mari et femme (157.)

Des oppositions au mariage.

L'opposition doit être faite par un acte, notifié par huissier tant à l'officier de l'état civil, qu'à la partie contre laquelle elle est dirigée.

Cet acte contiendra les motifs de l'opposition et la qualité de l'opposant, ainsi qu'une élection de domicile dans les communes, où le mariage devrait être contracté ; le tout sous peine de nullité (801).

L'action en main levée de l'opposition doit être intentée et traitée de la manière ordinaire devant le tribunal de l'arrondissement, dans le ressort duquel il a été élu domicile.

Lorsqu'il a été élu domicile dans le ressort de plus d'un tribunal d'arrondissement, l'affaire sera intentée devant un de ces tribunaux au choix du demandeur (802).

L'appel du jugement, par lequel il a été prononcé sur l'action en main levée, ne peut être interjeté que dans les quinze jours après la signification du jugement, et la disposition de l'article précédent est applicable aussi à l'appel (803).

VI. Divorce.

L'action en divorce sera toujours portée devant le tribunal du domicile du mari, sauf le cas prévu par l'article 266 (262).

Le divorce ne peut jamais avoir lieu par consentement mutuel (263).

Les motifs qui peuvent servir de base à une demande en divorce, sont :

1° l'adultère,

2° l'abandon malicieux ;

3° une condamnation du chef de délit à une peine privative de la liberté de quatre ans au moins, prononcée après le mariage (rédaction modifiée par l'article 2 de la loi du 26 Avril 1884, *Bulletin des lois*, n° 93) ;

4° des sévices, commis par l'un des époux envers l'autre, par lesquels sa vie est mise en péril, ou par lesquels des blessures dangereuses ont été infligées (264).

Dans les cas prévus au 1° et au 3° il suffira de produire une copie du jugement de condamnation, et une pièce attestant que ce jugement n'est pas sujet à être réformé par quelques mesures judiciaires légales (265 al. 1 et 2 modifiés par l'article 2 de la loi du 6 Avril 1884 *Bulletin des lois*, n° 93).

L'action en divorce du chef d'abandon malicieux, sera introduite au tribunal du dernier domicile commun, que les époux ont eu au temps de l'abandon.

Elle ne peut être intentée qu'après cinq ans à compter du jour où l'un des époux a quitté le domicile commun.

Lorsque le départ se justifie par une cause légale, le terme de cinq ans commencera à courir du jour où cette cause n'existe plus (266).

La femme demanderesse ou défenderesse, en divorce, peut quitter, du consentement du juge, le domicile du mari durant le cours du procès.

Le tribunal indiquera la maison, où la femme sera obligée de tenir sa résidence (267).

Elle peut demander pour son entretien une pension, dont le montant sera fixé par le juge.

Lorsque la femme quitte sans le consentement du juge le domicile qui lui a été assigné, elle peut, selon les circonstances, être déchue du droit à la pension, et même, lorsqu'elle est demanderesse, être déclarée non recevable à continuer son action judiciaire (268).

Les droits du mari, par rapport à l'administration des biens de la femme, ne sont pas suspendus pendant le procès, sauf la faculté de la femme de faire usage, pour la conservation de ses droits, des mesures préventives, qui sont indiquées par le code de procédure civile.

Tous les actes du mari, par lesquels les droits de la femme sont lésés volontairement, sont nuls (270).

Le droit de demander le divorce s'éteint par la réconciliation des époux, sans qu'il y ait lieu de distinguer si cette réconciliation a eu lieu après que l'un des époux avait été informé des faits donnant lieu à l'action judiciaire, ou bien, après que l'action en divorce a été intentée en justice.

La loi présume la réconciliation, lorsque le mari et la femme cohabitent de nouveau, après que cette dernière avait quitté le domicile commun avec l'autorisation du juge (271).

L'époux, qui intente une nouvelle action judiciaire, basée

sur une nouvelle cause, survenue après la réconciliation, peut invoquer les anciens motifs, pour prouver son action (272).

L'action en divorce du chef d'abandon malicieux tombe, lorsque l'époux retourne dans le domicile commun, avant que le divorce soit prononcé. Lorsque cependant, après le retour, l'époux quitte une seconde fois, sans motifs légitimes, le domicile commun, l'autre époux pourra intenter une nouvelle action judiciaire en divorce, six mois après l'abandon, et invoquer les griefs anciens.

Dans ce cas, l'action judiciaire en divorce ne tombera plus par un retour subséquent de l'époux (273).

Dans les deux cas, prévus par l'article 265, si l'époux a laissé écouler six mois, à compter du jour où le jugement est devenu irrévocable, il n'est plus recevable à intenter une action judiciaire en divorce.

Si l'un des époux se trouve hors du Royaume, à l'instant de la condamnation de l'autre, le terme de six mois commencera à courir, à compter du jour du retour (274).

L'action judiciaire en divorce tombe, si l'un des deux époux meurt avant le prononcé de la sentence (275).

Le jugement, par lequel le divorce est prononcé, doit être inscrit sur les registres de l'état civil du domicile des époux, au plus tard dans les six mois, à compter du jour où ce jugement n'est plus susceptible d'appel.

Si l'inscription n'a pas eu lieu dans ce terme, le jugement est considéré comme non avenu, et le divorce ne peut être demandé de nouveau pour les mêmes causes (276).

Lorsque l'époux demandeur en divorce n'a pas de revenus suffisants, le tribunal pourra lui accorder une pension sur les biens de l'autre époux (280), selon l'état et la fortune de l'époux débiteur.

La pension, qui a été constituée par des tiers dans le contrat de mariage, subsiste malgré la séparation (283).

La garde des enfants sera confiée à l'époux demandeur ; le tribunal pourra ordonner, en prononçant le divorce, soit à la demande de parents, soit à la requête du ministère public, soit d'office, dans l'intérêt des enfants, qu'ils seront confiés à l'autre époux, ou à une tierce personne (284).

Indépendamment de la disposition du premier alinéa de l'article précédent, le père et la mère conservent les droits, qui dérivent de la puissance paternelle ou de la tutelle.

Quelle que soit la personne à laquelle les enfants ont été confiés, les deux parents conservent la faculté de veiller à leur entretien et à leur éducation, et devront y contribuer, en proportion de leur fortune (285).

La dissolution du mariage par divorce ne privera les enfants d'aucun des profits, qui leur avaient été assurés par les lois, ou par les conventions matrimoniales de leurs parents. Toutefois les enfants n'y auront droit que de la même manière et dans les mêmes circonstances, comme si un divorce n'eût pas eu lieu (286).

Si les parents séparés étaient mariés en communauté de biens, le partage des biens aura lieu, comme il est statué dans le titre VII du code civil (287). Code de procédure civile, L. III, tit. 3, section 5.

L'époux, qui veut intenter une action en divorce, adressera au tribunal une demande écrite, contenant l'énoncé des faits et les conclusions à prendre, en y joignant les pièces tendant à fournir la preuve.

Cette demande écrite doit être remise au président, ou au juge qui occupe sa place, par l'époux demandeur en personne ; le président lui fera telles observations, qu'il jugera convenables.

Si le demandeur est empêché légalement de se rendre auprès du président, celui-ci se rendra à son domicile, pour lui faire ses observations.

Si le demandeur demeure hors du lieu où le tribunal est établi, le président peut déléguer le juge de paix, qui en dressera un procès-verbal (816).

Si le demandeur persiste, le président ordonnera que les deux époux comparaîtront devant lui à un jour et une heure déterminés.

Une copie de cette ordonnance sera envoyée au défendeur par le greffier (817).

Les époux sont tenus de comparaître en personne, sans pouvoir se faire assister par des proches, ni des conseillers (818).

Au jour fixé le président fait aux deux époux ou au demandeur, si celui-ci a comparu seul, telles remarques qu'il juge convenables pour effectuer une réconciliation.

Il est dressé un procès-verbal du résultat de cette comparution (819).

En cas de non conciliation, le président peut ordonner des mesures provisoires pour la garde des enfants, la résidence de la femme demanderesse, la pension alimentaire.

La femme demanderesse, devra intenter l'action en divorce dans les quinze jours de l'autorisation accordée à cette fin, sous peine de perdre le bénéfice des mesures susdites.

Les formalités, prescrites pour le divorce, sont aussi applicables à l'action en séparation de corps pour une cause déterminée (826).

La disposition de l'article 1951 du code civil est applicable tant à l'action en séparation de corps pour cause déterminée, qu'à l'action en divorce ; toutefois les parents et les enfants des époux peuvent refuser de porter témoignage (827).

Les jugements, par lesquels le divorce ou la séparation de corps est prononcé, doivent être publiés de la manière établie par l'article 811 (828).

Le code civil Néerlandais reconnaît la séparation de corps pour des raisons spéciales et par consentement mutuel.

De la séparation de biens judiciaire.

La femme peut demander la séparation de biens dans les cas suivants :

1° lorsque le mari dilapide, par une mauvaise conduite notoire, les biens de la communauté, et expose la famille à la ruine ;

2° lorsque, le désordre et la mauvaise administration de ses biens, mettrait en danger la garantie pour les droits et les reprises éventuelles de la femme.

La séparation de biens par consentement mutuel est nulle (241).

L'action en séparation de biens doit être publiée (242).

Les créanciers du mari peuvent intervenir dans le procès pour attaquer l'action en séparation de biens (243).

La demande en séparation de biens ne pourra être introduite par l'épouse, sans l'autorisation du président du tribunal de l'arrondissement dans lequel son mari est domicilié (804). A cette fin, elle adressera une demande écrite, contenant ses motifs ; le président invitera les parties à comparaître devant lui en personne, à un jour et une heure déterminés, pour se concilier (805).

Si la femme ne comparaît pas, sa demande est rejetée.

A défaut de conciliation, l'action sera portée au tribunal ; elle sera publiée par affiches dans la salle d'audience et par insertions dans un des journaux de la province.

L'affichage a lieu par un huissier, et celui-ci pourra, avec l'autorisation du juge, faire l'apposition des scellés, l'inventaire et la taxation des biens (808).

Sauf les dispositions tendant à conserver des droits, il n'est permis de prononcer un jugement concernant l'action en séparation qu'un mois après que les formalités prescrites ci-dessus auront été observées (809).

Le seul aveu du mari ne vaut pas comme preuve, même lorsqu'il n'y aurait pas de créanciers (810).

La séparation de biens sera rendue publique :

1° Par un extrait du jugement, qui sera affiché pendant un an dans la salle d'audience du tribunal de l'arrondissement où le mari a son domicile ;

2° Par l'affichage d'une copie de cet extrait dans la commune où le mari a son domicile ;

3° Par trois insertions faites à un mois d'intervalle chacune de cette copie dans un des journaux de la province, ou, à son défaut, dans un journal d'une province voisine.

Cet extrait doit contenir la date du jugement et l'indication du tribunal par lequel il a été prononcé, les noms, prénoms, la profession et le domicile des époux (811).

La femme n'a le droit de commencer à exécuter le jugement

qu'à dater du jour, où les formalités prescrites par l'article précédent auront été remplies, sans que pourtant elle doive attendre jusqu'à ce que le terme d'un an, établi par le n° 1 de l'article précédent, soit écoulé (812).

La femme séparée de biens, qui veut renoncer à la communauté, doit en faire la déclaration au greffe du tribunal, qui a jugé l'action en séparation (814).

Le jugement, par lequel la séparation de biens a été adjugée rétroagit au jour de l'action judiciaire (244).

Le jugement, par lequel la séparation de biens a été accordée, déchoit de droit, s'il n'a pas été exécuté volontairement par le partage effectif des biens, constaté par un acte authentique ; ou lorsque endéans le mois après que le jugement est devenu irrévocable, des poursuites judiciaires n'ont pas été intentées par la femme et continuées régulièrement par elle (246).

Les créanciers du mari qui ne sont pas intervenus dans le procès, peuvent s'opposer au partage, si leurs droits ont été volontairement lésés (247).

Nonobstant la séparation de biens, la femme est obligée de contribuer, proportionnellement à sa fortune et à celle de son mari, aux frais du ménage et de l'éducation des enfants communs.

En cas d'insolvabilité du mari, ces frais sont à la charge de la femme seule (248).

La femme séparée de biens recouvre la libre administration de ses biens, et peut obtenir du juge, nonobstant les dispositions de l'article 163, une autorisation générale de disposer de ses meubles (249).

La communauté, dissoute par la séparation de biens, peut être rétablie, du consentement des époux par un acte authentique (251).

Sont nulles toutes les conventions, par lesquelles les époux rétabliraient la communauté sur d'autres bases que celles de la communauté antérieure (252).

Les époux doivent publier le rétablissement de la communauté ; jusqu'à ce moment ils ne peuvent pas opposer aux tiers les suites de la communauté rétablie (253).

VII. Testaments.

Le titre XII du Livre II du Code civil néerlandais traite des dernières volontés.

Section 1.

Dispositions générales.

Les biens d'un défunt appartiennent à ses héritiers légitimes, pour autant qu'il n'en aurait pas disposé légalement par testament (921).

Une disposition de dernière volonté au profit des plus proches parents du testateur, sans indication ultérieure, est réputée être faite au profit des héritiers appelés par la loi (924).

La disposition de dernière volonté au profit des pauvres, sans autre indication, est censée avoir été faite au bénéfice de tous les nécessiteux, sans distinction de religion, qui, dans le lieu où s'ouvre la succession, sont entretenus par des institutions de bienfaisance (925).

Les substitutions fidéicommissaires sont prohibées.

Par conséquent est nulle et sans valeur, même par rapport à l'héritier ou au légataire nommé, toute disposition par laquelle il est chargé de conserver l'héritage ou le legs, et de le remettre à un tiers, en tout ou en partie (926).

On excepte les substitutions permises par les sections septième et huitième de ce titre (927).

La disposition par laquelle un tiers, ou dans le cas de son décès (au moment de la mort du testateur), tous ses enfants légitimes, nés ou à naître, sont appelés à tout ou partie de ce que l'héritier ou le légataire laissera de l'héritage ou du legs, à son décès, n'est pas une substitution fidéicommissaire prohibée.

Est valable la disposition, par laquelle un tiers est appelé à un héritage ou un legs, pour le cas où l'héritier ou le légataire appelé n'en jouit pas (929).

La disposition, par laquelle l'héritage ou le legs est déclaré inaliénable en tout ou partie, est censée n'avoir pas été écrite (931).

Si les expressions d'une disposition de dernière volonté sont claires, il n'est pas permis de s'en écarter sous prétexte d'interprétation (932).

Si au contraire elles sont susceptibles de plusieurs interprétations, on doit s'enquérir de l'intention du testateur (933).

Dans ce cas, les expressions doivent être prises dans le sens qui s'accorde le plus avec le caractère de la disposition et en tous cas de façon que la disposition ait quelque effet ou suite (934).

Dans toutes les dispositions de dernière volonté les conditions, qui sont inintelligibles ou impossibles, ou qui sont contraires aux lois et bonnes mœurs, sont réputées n'avoir pas été écrites (935).

La condition est censée avoir été remplie, lorsque celui, qui pourrait être intéressé à son non-accomplissement, en a empêché l'accomplissement (936).

La mention d'un faux motif est tenue pour non-écrite, à moins qu'il ne paraîtrait de la dernière volonté que le testateur n'aurait pas fait la disposition, s'il eût eu connaissance de la fausseté du motif (937).

La mention d'un motif, soit vrai, soit faux, mais contraire aux lois ou bonnes mœurs, rend nulle l'institution d'héritier ou le legs (938).

Lorsqu'une charge indivisible a été imposée à plusieurs héritiers ou légataires, et qu'un ou plusieurs d'eux refusent l'héritage ou le legs, ou sont incapables d'accepter ce qui leur a été légué, celui qui veut remplir en entier la charge pourra exiger leur part et récupérer sur la succession ce qu'il pourrait avoir payé pour les autres (939).

Un testament fait par suite de contrainte, fraude ou ruse, est nul (940).

Si le testateur et l'héritier ou le légataire, ou celui, qui dans une substitution fidéicommissaire permise aurait remplacé un de ces derniers, meurent le même jour sans qu'on puisse savoir lequel est décédé le premier, ils sont censés être morts au même instant, et une dévolution de droits par suite de la dernière volonté n'a pas lieu (941).

Section 2.

De la faculté de disposer par dernière volonté ou d'en profiter.

On doit posséder ses facultés intellectuelles pour faire ou révoquer un testament (942).

Toute personne peut disposer et recevoir par testament, excepté ceux qui y ont été déclarés incapables, selon les dispositions de cette section (943).

Les mineurs qui n'ont pas accompli l'âge de dix-huit ans, ne peuvent faire un testament (944).

La capacité de l'héritier est jugée d'après l'état où il se trouvait au moment où le testament a été fait (945).

Les legs au profit d'institutions publiques, d'établissements religieux, d'églises ou d'institutions de bienfaisance, n'ont d'effet que pour autant que la Reine accorde aux directeurs de ces institutions le pouvoir de les accepter (947).

Un époux ne peut invoquer les dispositions de dernière volonté de son conjoint, si le mariage a été contracté sans les consentements requis, et que le testateur est décédé à un instant, où la légitimité de ce mariage pouvait être encore attaquée de ce chef (948).

Le mari ou la femme, qui, ayant des enfants d'un lit précédent, contracte un mariage ultérieur, ne pourra léguer à son conjoint qu'une part d'enfant légitime le moins prenant, sans qu'en aucun cas, la disposition puisse dépasser le quart de ses biens (949).

Un mineur, bien qu'âgé de dix-huit ans, ne peut tester au profit de son tuteur. Majeur, il ne le pourra qu'après que le compte de la tutelle aura été rendu et apuré.

Sont exceptés des deux cas mentionnés ci-dessus les parents

du mineur dans la ligne ascendante, qui sont ou ont été ses tuteurs (951).

Les mineurs ne peuvent disposer par testament au profit de leurs maîtres, ou précepteurs qui cohabitent avec eux, ou chez lesquels ils ont été mis en pension.

Sont exceptées les dispositions pour la rémunération de services rendus (952).

Les médecins, chirurgiens, apothicaires et les autres personnes exerçant la médecine, qui ont soigné le testateur pendant sa dernière maladie, ainsi que les ministres du culte, qui l'ont assisté, ne peuvent tirer aucun profit des dispositions de dernière volonté, faites au cours de cette maladie.

Sont exceptées :

1° les dispositions pour la rémunération de services rendus, faites sous forme de legs ;

2° les dispositions au profit de l'époux du testateur ;

3° les dispositions, même générales, faites au profit de parents, jusqu'au quatrième dégré inclus, si le défunt ne laisse pas d'héritiers dans la ligne directe ; à moins que celui, au profit duquel la disposition a été faite, soit lui-même parent à pareil degré (953).

Le notaire, qui a passé un testament par acte public, et les témoins qui y ont été présents, ne peuvent rien écrire concernant ce qui pourrait leur être légué par dernière volonté (954).

Si des parents laissent des enfants légitimes et des enfants naturels, reconnus légalement, ces derniers ne pourront recevoir par testament au delà de ce qui leur est accordé par le titre onzième de ce livre (955).

La personne qui s'est rendue coupable d'adultère ne peut tester en faveur de son complice, lorsque l'adultère a été établi, avant la mort du testateur, par un jugement (956).

Une disposition de dernière volonté, faite au profit d'un incapable, est nulle, même si elle est faite au nom d'une personne interposée.

Sont réputées personnes interposées le père et la mère, les enfants ou descendants, et l'époux de celui qui est incapable d'hériter (958).

Celui, qui a été condamné parce qu'il a tué le testateur ; celui qui a supprimé, anéanti ou falsifié un acte de dernière volonté du testateur, ou qui l'aurait empêché par violence ou voies de fait de révoquer ou de modifier un testament ne pourra tirer quelque profit de la dernière volonté, ni lui, ni son conjoint, ni ses enfants (959).

SECTION 3.

De la Réserve.

Pour les descendants légitimes la part réservataire est la même qu'en droit français (961).

Dans la ligne ascendante la part légitime comprend toujours la moitié de ce qui revient selon la loi, à chaque parent (962).

La réserve d'un enfant naturel, reconnu légalement, est la moitié de la part, que la loi lui accorde dans la succession ab intestat (963).

A défaut de parents dans la ligne ascendante et descendante et d'enfants naturels, reconnus légalement, les dons, faits par acte entre vifs ou par testament, peuvent absorber le montant total des biens de la succession (964).

Lorsque la disposition, faite par acte entre vifs ou par testament, consiste en un usufruit ou une rente viagère, dont le montant préjudicierait à la part légitime, les héritiers, auxquels cette succession est dévolue, ont le droit ou d'exécuter cette disposition, ou bien de céder aux donataires et légataires la propriété de la partie disponible (965).

La partie, dont on a le droit de disposer, peut être donnée, soit en tout ou en partie, par acte entre vifs ou par testament, à des étrangers, ou bien à des héritiers légitimes ; sauf les cas, dans lesquels ces derniers sont tenus à en faire imputation sur la succession, conformément au seizième titre de ce livre (966).

Les donations, qui entameraient la réserve, pourront être réduites lorsque la succession est ouverte sur la demande des héritiers réservataires ou de leurs ayants-droit. Toutefois la réduction ne pourra nuire aux créanciers du défunt (967).

Pour fixer le montant de la réserve, on fait une addition de tous les biens, qui étaient présents à l'instant du décès du donateur ou testateur ; on y ajoute le montant des biens, dont il a été disposé par donations entre-vifs, taxés d'après l'état dans lequel ils se trouvaient à l'instant de la donation, et d'après leur valeur au moment du décès du donateur ; on calcule, en embrassant tous ces biens et après en avoir déduit les dettes, quelle est, selon la qualité des réservataires, la partie de la succession qu'ils peuvent exiger, et on en déduit tout ce qu'ils ont reçu du décédé, même avec dispense d'imputation (968).

Toute aliénation, soit sous la charge d'une rente viagère, soit avec la réserve d'un usufruit, faite à l'un des héritiers dans la ligne directe, est considérée comme une donation (969).

Lorsque la chose donnée a été perdue avant le décès du donateur, sans la faute du donataire, elle ne sera pas comprise dans la masse des biens, sur laquelle la part légitime doit être calculée.

La chose donnée sera comprise dans la masse, si elle ne peut pas être répétée à raison de l'insolvabilité du donataire (970).

Les donations entre vifs ne pourront être réduites, que si tous les biens, dont il a été disposé par dernière volonté, ne suffisent pas pour assurer la part légitime. Lorsqu'alors une réduction des donations entre vifs doit avoir lieu, on la commencera par la donation, qui a été faite en dernier lieu, et on procédera ainsi de celle-ci aux antérieures (971).

La restitution des immeubles, qui doit avoir lieu conformément à l'article précédent, a lieu en nature, nonobstant toutes stipulations contraires.

Si pourtant la réduction doit être appliquée à un héritage qui ne peut pas être partagé convenablement, le donataire aura la faculté, même s'il n'est point héritier légitime, de parfaire en espèces ce qui revient à l'héritier réservataire (972). La réduction des legs faits par testament aura lieu sans faire différence entre les institutions d'héritiers et les legs, à moins que le testateur n'ait expressément ordonné qu'une institution d'héritier ou un legs déterminés devaient être payés de préférence ; et dans ce cas, une telle institution d'héritier ou un tel legs ne seront réduits, que si le montant des autres legs ne suffit pas pour fournir la part légitime (973).

Le donataire rendra les fruits à compter du jour du décès du donateur, si l'action en réduction est intentée dans l'année, et dans le cas contraire, du jour où cette action aura été intentée (974).

Les immeubles, qui doivent retourner dans la masse en vertu de la réduction, sont libérés par là des dettes ou hypothèques, dont le donataire les a chargés (975).

L'action judiciaire en réduction ou restitution peut être poursuivie par les héritiers contre les tiers possesseurs, quant aux immeubles qui font partie de la donation, et qui ont été aliénés par les donataires, de la même manière et dans le même ordre que contre les donateurs eux-mêmes.

Cette action judiciaire doit être intentée selon l'ordre des dates des aliénations, à commencer par la dernière.

Toutefois l'action judiciaire en réduction ou restitution n'aura lieu contre des tiers acquéreurs, que pour autant que le donataire n'aurait pas conservé d'autres biens, ou que ceux-ci ne suffisent pas pour payer la part légitime, ou que la valeur des biens aliénés ne pourrait être répartie sur ses biens personnels.

Cette action judiciaire se prescrit par trois ans, à compter du jour où l'héritier a accepté la succession (976).

Section 4.

Des formes du testament.

Le testament est olographe, mystique ou fait par acte public. (978).

Le testament *olographe* doit être écrit entièrement, signé par le testateur et déposé par lui chez un notaire. Celui-ci, devant deux témoins, dressera un acte de dépôt revêtu de sa signature, ainsi que de celles du testateur et des témoins Ces signatures seront apposées au bas du testament, s'il a été remis ouvert, sur papier séparé s'il a été remis cacheté. Dans ce dernier cas le testateur devra en présence du notaire et des témoins ratifier par sa signature sur l'enveloppe du testament, qu'elle contient ses dernières volontés.

Au cas où le testateur ne pourrait apposer sa signature au bas de l'enveloppe ou du testament, le notaire doit en faire mention ainsi que du motif qui l'en a empêché (979).

Le testament olographe pris en dépôt par le notaire a la même valeur que le testament fait par acte public ; il est censé avoir été fait à la date que porte l'acte de dépôt, lors même qu'il aurait été daté antérieurement (980).

Le testateur peut rentrer en possession du testament olographe lorsqu'il le désire, en ayant soin toutefois, de décharger la responsabilité du notaire par un acte authentique qui équivaudra à l'annulation du testament (981).

L'annulation d'une telle pièce peut se faire également sous seing privé sans formalités (982).

Toute pièce de cette nature trouvée après le décès du testateur doit être remise au juge de paix du canton de la mortuaire ; le juge ouvrira la pièce, dressera procès-verbal de l'état dans lequel elle se trouve, et la remettra à un notaire (983).

Le testament olographe, remis cacheté au notaire, sera déposé après la mort du testateur, chez le juge de paix, qui procèdera comme le prescrit l'art. 989 (984).

Tout testament fait par acte public doit être passé par devant notaire et en présence de deux témoins (985).

Les dernières volontés du testateur doivent être écrites en termes clairs et telles qu'elles ont été déclarées au notaire. Si cette déclaration a été faite au notaire sans témoins, ceux-ci devront être présents lors de la lecture du testament par le notaire, ainsi qu'au moment où le testateur après avoir exposé verbalement ses dernières volontés déclarera le testament conforme à son désir.

Si les dernières volontés ont été dictées en présence des

témoins, la lecture se fera également en leur présence. Les formalités de la signature sont celles du droit français (986).

Pour faire un testament fermé ou secret, on suit les règles du testament mystique français (897, 988).

A la mort du testateur, le testament fermé ou secret sera présenté au juge de paix du canton où la succession est ouverte ; le juge dressera procès-verbal de la présentation, de l'ouverture et rendra ensuite la pièce au notaire (989).

Les témoins à ces actes doivent être mâles, majeurs et domiciliés dans le royaume ; ils doivent comprendre la langue dans laquelle est rédigée soit le testament, soit l'acte de souscription ou de dépôt. Ce ne peuvent être ni les héritiers, ni des légataires ni leurs parents ou alliés jusqu'au 4e degré inclus, ni les domestiques du notaire (991).

Un Néerlandais en pays étranger ne peut faire son testament que par acte authentique et en observant les formalités en usage dans le pays où l'acte est passé ; il peut disposer par acte olographe comme il est dit à l'article 982.

Les articles 993, 994, 995, 996 établissent pour les testaments en temps de guerre, d'épidémie ou de voyage de mer des dispositions analogues au droit français. Dans les cas prévus par ces articles les personnes qui y sont dénommées peuvent disposer par testament olographe. Ces testaments ainsi faits seront sans valeur trois mois après que la cause qui autorisait l'exception a cessé (999).

Section 5.

Des institutions d'héritiers.

L'institution d'héritiers est une disposition de dernière volonté par laquelle le testateur donne les biens qu'il laissera à son décès soit pour le tout, soit pour une fraction du tout (1001).

Au moment du décès, les héritiers nommés par acte de dernière volonté et les héritiers légaux entrent de plein droit dans la possession des biens légués. Dans le cas de dissidents le juge peut ordonner la mise sous sequestre.

Section 6.

Des Legs.

La matière des legs avec les accroissements ou les charges ne présentent pas de différence avec le droit français.

L'article 1018 dispose que le legs fait à un créancier n'est pas censé avoir été laissé pour acquitter la dette, ni celui à un domestique pour payer les gages arriérés.

Section 7.

Des substitutions fidéicommissaires.

Les biens dont les parents ont le droit de disposer peuvent être donnés par eux à un ou plusieurs de leurs enfants à charge de les remettre à leurs enfants nés et à naître.

En cas de prédécès d'un enfant, la même disposition pourra être faite au profit d'un ou plusieurs petits-enfants. Elle pourra l'être au profit d'un frère ou d'une sœur et en cas de prédécès au profit d'un enfant de frère ou de sœur (1020, 1021).

Si l'héritier chargé meurt laissant des enfants, et des descendants d'un enfant prédécédé, ces derniers jouiront de la part de leur père par remplacement. Ces dispositions n'auront de valeur que pour autant que la substitution est limitée à un seul degré et au profit de tous les enfants de la personne chargée sans exception ou préférence d'âge ou de sexe.

Celui qui fait de pareilles dispositions peut soit par testament soit par un acte notarial postérieur nommer un administrateur pour les biens grevés ; et dans le cas où cet administrateur fait défaut le tribunal peut en nommer un autre à sa place. Dans le mois du décès l'administrateur institué, l'intéressé ou le ministère public feront dresser l'inventaire des biens (1027, 1028).

Si le testateur n'a pas nommé d'administrateur, l'héritier chargé doit fournir caution pour la conservation et la représentation des biens, à moins que le testateur ne l'en ait dispensé ; mais dans ce dernier cas sur la demande de l'intéressé ou du ministère public, il devra se soumettre à l'intervention d'un administrateur qui aura tous les droits et devoirs d'un tuteur de mineur (1030).

SECTION 8.

De la révocation et de la caducité des testaments.

Un testament ne peut être révoqué que par un testament valide subséquent ou par un acte notarié explicite. (C. Civ. néerl. art. 1039, 1040).

Sur la caducité des legs par suite d'aliénation ou de perte de l'objet légué (C. Civ. n. art. 1043, 1047), ou en cas de legs sous condition (art. 1044, 1045), mêmes dispositions que dans le Code Napoléon.

Une disposition par acte de dernière volonté tombe lorsque l'héritier ou le légataire refuse ou est incapable. Les legs dévolus à des tiers au cas de refus ou d'incapacité du premier appelé, ne seront pas caducs, mais l'institué refusant ou incapable peut se décharger au profit de ces tiers, s'il le fait sans condition (art. 1048).

Sur l'accroissement des legs v. art. 1049, 1050.

L'action en déclaration de caducité de legs peut être intentée du chef de la non-exécution des conditions mises par le testateur. En cas de succès, les demandeurs reprendront les biens libres de toutes charges consenties par le légataire. Ils pourront exercer contre les tiers détenteurs des immeubles, les mêmes droits que contre l'héritier ou le légataire institué.

VIII. Successions ab intestat.

La matière est traitée au titre XI du Livre II du Code Civil néerlandais. Ce titre comprend 3 sections.

SECTION 1.

Dispositions générales.

La succession ne s'ouvre que par la mort naturelle (art. 877). Contrairement aux dispositions des art. 720, 721, 722 du Code Napoléon, lorsque deux personnes respectivement appelées à la succession l'une de l'autre, périssent dans un même événement sans qu'on puisse reconnaître laquelle est décédée la première, il n'y a aucune dévolution de l'une à l'autre (art. 878).

Les dispositions sur la saisine, l'envoi en possession (art. 879, 880) sont analogues à celles des art. 723, 724 du Code Nap.

L'héritier a l'action en pétition d'hérédité contre tous ceux qui sont en possession des choses qui en font partie, selon les règles posées au titre III de ce Livre (art. 881).

L'unique qualité requise pour succéder est d'être conçu au moment de l'ouverture de la succession, et de naître viable ensuite. Sont indignes de succéder : 1° celui qui a été condamné pour avoir donné ou tenté de donner la mort au decujus ; 2° celui qui a été convaincu par jugement d'avoir calomnieusement accusé le défunt d'un délit puni de 4 années d'emprisonnement au moins (art. 10 de la loi du 25 avril 1884 ; B. des L. n° 93) ; 3° celui qui a empêché le défunt par une violence matérielle de faire ou de révoquer son testament ; 4° celui qui a détruit ou falsifié le testament du défunt (art. 885, diff. de l'art. 727 C. Nap.)

Les dispositions reprises au C. Nap. sous les art. 729, 730, 739, 740 à 744, 732, 746 trouvent leur équivalent dans les art. 886 à 897 du C. Civ. néerl.

Section 2.

De la succession dans la ligne légitime descendante, ascendante et latérale.

L'ordre des successions se rapproche de celui adopté par le C. Nap. Les art. 745, 746, 749, 752, 753, 755 trouvent leur équivalent dans les art. 899, 906, 900, 903, 904, 905, 908 du C. Civ. néerl.

En cas de partage entre ascendants et collatéraux privilégiés (frères, sœurs ou enfants d'eux), il importe de remarquer que lorsque le père et la mère d'une personne qui est décédée sans descendance lui survivent, chacun d'eux recevra un tiers de la succession si le decujus n'a laissé qu'un seul collatéral privilégié, et un quart s'il reste plusieurs frères ou sœurs (art. 901).

Dans le même cas, si l'un des père ou mère survit, il recevra la moitié de la succession, s'il ne reste qu'un seul collatéral privilégié, le tiers s'il en reste deux, le quart s'il en reste plus de deux (art. 902).

Le père ou la mère survivant hérite seul la succession de son enfant décédé sans descendance et sans collatéraux privilégés (art. 905).

Section 3.

De la succession lorsqu'il y a des enfants naturels.

Il y a concordance entre les articles 757 C. Nap. et une partie de l'art. 910 C. Civ. néerl. ; 758 et 912 ; 759 et 913 ; 762 et 914 ; 763 et 915 ; 764 et 916 ; 765 et 917 des mêmes codes.

A l'art. 757 C. Nap. il importe d'observer que, si les héritiers légitimes sont apparentés au decujus en des degrés inégaux, le plus proche dans l'une des deux lignes détermine, même par rapport à ceux qui sont dans l'autre ligne, la quotité qui est due à l'enfant naturel (art. 910).

L'art. 766 reçoit une rédaction plus correcte dans l'art. 918 C. Civ. néerl. en ce que les termes « frères et sœurs légitimes » sont remplacés par « descendants légitimes de son père ou de sa mère » et que le mot « légitimes » est ajouté *in fine*.

La loi néerl. n'accorde à l'enfant naturel reconnu un droit sur les biens des ascendants de son père ou de sa mère que dans le cas suivant : si pareil ascendant vient à décéder sans laisser des proches successibles ni de conjoint, l'enfant naturel succédera aux biens sans avoir l'état d'héritier.

Et réciproquement, pareil ascendant succéderait aux biens de l'enfant naturel décédé dans des conditions analogues. S'il a été reconnu par son père et par sa mère prédécédés, l'une moitié des biens irait aux descendants les plus proches de son père, l'autre moitié à ceux de sa mère (art. 919, 920).

IX. Administration des successions.

Le titre XIII du Livre II du C. Civ. néerl. traite des exécuteurs testamentaires et des administrateurs.

Il y a concordance pour les art. 1025 C. Nap. et 1052 C. Civ. néerl. ; 1026 et 1054 avec cette différence que le délai d'un an court non pas du jour du décès, mais de celui où les exécuteurs testamentaires ont pu se mettre en la possession des biens de la succession ; 1027 et 1055 ; 1031 et 1056 à 1058 ; 1032 et 1062 ; 1033 et 1063 ; 1034 et 1064.

En droit néerlandais, la femme mariée, le mineur même émancipé, les interdits et tous ceux qui sont incapables de contracter pour eux-mêmes, ne peuvent être exécuteurs testamentaires (art. 1053).

L'exécuteur peut faire vendre les biens de la succession si les deniers nécessaires manquent pour payer les legs, mais non dans le seul but de rendre la masse plus aisément partageable. S'il s'agit d'immeubles, il devra prendre au préalable le consentement des héritiers, ou à leur défaut, l'autorisation du tribunal d'arrondissement.

Les héritiers peuvent l'empêcher en consignant les deniers

nécessaires. Si les intéressés sont tous majeurs, la vente pourra, de leur consentement, être faite de la main à la main.

Les exécuteurs qui ont la saisine peuvent poursuivre en justice le recouvrement des créances de la succession (art. 1059-1060).

Toute clause par laquelle le testateur dispense l'exécuteur de dresser inventaire ou de rendre compte, est nulle de droit (art. 1065).

Sous réserve de ce qui a été statué plus haut pour l'usufruit, la substitution fidéicommissaire, les mineurs et interdits, le testateur peut par acte de dernière volonté ou par acte notarié spécial instituer un ou plusieurs administrateurs aux biens laissés à ses héritiers ou légataires, soit pour toute leur vie, soit pour un laps de temps déterminé, pour autant que la libre remise de la part allouée aux héritiers ne soit pas entamée par cet acte. L'art. 1063 est applicable en ce cas (art. 1066).

Si le testateur n'a pas indiqué les personnes qui remplaceront les administrateurs faisant défaut, il y sera pourvu par le tribunal d'arrondissement, le ministère public entendu (art. 1067).

Nul n'est tenu d'accepter la charge d'exécuteur testamentaire ou d'administrateur d'une succession ou d'un legs ; mais celui qui a accepté une telle charge, est obligé de l'accomplir.

Si le testateur n'a pas fixé un salaire, ou n'a pas fixé un legs en rémunération de ses services, l'exécuteur prendra le salaire que l'art. 522 C. Civ. néerl. accorde à l'administrateur des biens d'absents, soit 2 1/2 °/o des recettes et 1 1/2 °/o des dépenses. S'il y a plusieurs exécuteurs ou administrateurs, ils se partageront la dite somme (art. 1068).

L'exécuteur ou l'administrateur peut être destitué pour les mêmes causes que le tuteur (art. 1069).

X. Actions.

La loi néerlandaise reconnaît trois espèces d'actions, savoir : 1° l'action personnelle, qui a pour objet l'accomplissement d'une obligation personnelle, provenant d'une convention ou de la loi ; 2° l'action réelle, tendant à acquérir la propriété d'une chose certaine et déterminée, ou d'un autre droit réel ; 3° l'action mixte, qui est en même temps personnelle et réelle, savoir l'action pour l'acquisition d'une succession, pour le partage de la succession, pour le partage d'une communauté et pour définir, moyennant des pieux, les limites entre des héritages adjacents (129 C. de Pr. c.).

XI. Organisation judiciaire. Compétence.

A. *Dispositions inscrites dans la Constitution.*

Il y a une cour suprême sous le nom de Haute Cour des Pays-Bas, dont les membres sont nommés par la Reine, conformément à l'article suivant :

Lorsqu'une place vient à vaquer, la Haute Cour en donne avis à la Seconde Chambre des États Généraux, qui présente une liste de trois candidats à la Reine (162).

La Reine nomme le président et le vice-président parmi les membres de la Haute Cour (163).

Les membres des États-Généraux, les chefs des départements ministériels, les gouverneurs-généraux et les fonctionnaires supérieurs, ayant sous un autre titre un rang égal dans les colonies ou possessions d'outre mer, les membres du conseil d'Etat, et les commissaires de la Reine dans les provinces, sont justiciables de la Haute Cour pour des délits commis dans l'exercice de leurs fonctions, même après avoir quitté leurs charges. Les poursuites ont lieu au nom de la Reine ou sur réquisition de la Seconde Chambre.

La loi peut déterminer que d'autres fonctionnaires et membres de hauts collèges soient traduits, pour des délits officiels, devant la Haute Cour (164).

La Haute Cour a la mission de surveiller le cours régulier et l'achèvement des procédures, ainsi que l'observation des lois par les membres de la magistrature judiciaire.

Elle peut annuler leurs actes, dispositions et jugements, lorsqu'ils sont en opposition avec les lois.

Les autres pouvoirs de la Haute Cour sont réglés par la loi (165).

Les membres de la magistrature judiciaire sont nommés par la Reine.

Les membres de la magistrature judiciaire, chargés de juridiction, et le procureur-général près de la Haute Cour sont nommés à vie,

Ils peuvent être destitués ou relevés de leurs fonctions par jugement de la Haute Cour dans les cas indiqués par la loi.

Ils peuvent être relevés de leurs fonctions par la Reine sur leur propre demande.

Lorsqu'un collège sera chargé de la juridiction administrative en dernier ressort pour le royaume, les alinéas 1, 2 et 4 de cet article sont applicables à ses membres.

Ils peuvent être destitués ou relevés de leurs fonctions de la manière et dans les cas indiqués par la loi.

Cet article n'est pas applicable à ceux qui sont chargés exclusivement soit de la juridiction sur des personnes appartenant à la marine, ou à l'armée, ou à quelque autre puissance armée, soit de la décision d'affaires disciplinaires (166).

Les alinéas 5 et 6 de l'article 166 ont été insérés à l'occasion de la révision de la constitution en 1887, pour satisfaire au désir manifesté par quelques membres de la Seconde Chambre des Etats-Généraux selon l'opinion desquels ils serait impossible d'instituer une juridiction administrative satisfaisante, si les personnes, chargées de cette juridiction, n'offraient pas les mêmes garanties d'indépendance absolue que les membres de la magistrature judiciaire ordinaire, en d'autres termes, lorsqu'elles n'étaient pas nommées à vie.

Les mots « pour le royaume » ont été insérés, parce que, selon la législation actuellement en vigueur, la décision d'un certain nombre de conflits administratifs est déférée en dernier ressort aux Etats Députés Provinciaux. Si ces mots n'avaient pas été insérés, l'alinéa 5 eut été applicable à ces députés, ce qui s'opposerait manifestement à l'esprit de la Constitution.

B. *Dispositions inscrites dans la loi sur l'organisation judiciaire.*

Section I. *Dispositions générales.*

Le pouvoir judiciaire est exercé par :

1° les juges de paix (kanton rechter) ;

2° les tribunaux d'arrondissement ;

3° les cours ;

4° la haute cour (1).

La magistrature judiciaire connait de tous les différends sur la propriété ou les droits qui en découlent, des créances ou droits civils et de l'application de toutes espèces de peines légalement établies, selon les divisions de territoire judiciaire, et la compétence réglées par cette loi (2).

Le ministère public est exercé par le procureur-général près de la haute cour, par les procureurs-généraux près des cours, par les officiers de justice près des tribunaux d'arrondissement et par les fonctionnaires du ministère public près des juges de paix.

Dans chaque arrondissement la gestion du ministère public près des juges de paix est déférée à un ou plusieurs fonctionnaires.

Lorsque cette fonction est déférée à plus d'un fonctionnaire, leurs circonscriptions respectives sont indiquées par la Reine (3).

Le ministère public est spécialement chargé du maintien des lois, de la poursuite de tous les faits punissables et de l'exécution de tous les jugements condamnant à une peine.

Il doit être entendu dans tous les cas prévus par la loi (4).

Les fonctionnaires du ministère public sont obligés d'observer les ordres qui leur sont donnés pour l'exercice de leurs fonctions, par le pouvoir compétent au nom de la Reine (5).

En cas d'absence, d'empêchement ou de défaut du procureur-général, ou de l'officier près du tribunal de l'arrondissement, le service est rempli par un avocat-général ou un substitut, selon le rang de leur nomination, et, en cas d'absence, d'empêchement ou de défaut de ceux-ci, par un des conseillers ou juges, à nommer respectivement par les présidents de la haute cour, de la cour ou du tribunal de l'arrondissement (6).

Les présidents de la haute cour, des cours et des tribunaux sont remplacés, en cas d'absence, d'empêchement ou de défaut. par un vice-président, ou, à défaut de celui-ci, par le conseiller ou le juge premier en rang suivant la date de nomination (7).

Les membres de la magistrature judiciaire (à l'exception des juges-suppléants) ne peuvent pas être en même temps avocat, avoué, notaire ou solliciteur, ou remplir quelque fonction à laquelle un salaire fixe est inhérent.

Ils pourront cependant être en même temps membres des conseils municipaux, membres et secrétaires des directions de digues et de polders, curateurs d'écoles supérieures et membres des commissions de l'enseignement public, ou de toutes les institutions qui ne peuvent être considérées comme des fonctions réellement salariées.

En cas de doute si quelque fonction publique est compatible avec la qualité de membre de la magistrature judiciaire, la Reine décidera (8).

Les membres de la haute cour ne pourront pas être en même temps membres des Etats-Généraux (9).

Des parents ou alliés jusqu'au troisième degré inclus ne peuvent pas être ensemble conseillers, juges, fonctionnaires du ministère public et greffiers dans la haute cour, ou dans la même cour, ou dans le même tribunal.

Lorsque l'affinité ne serait née qu'après la nomination, celui qui l'a contractée, ne pourra pas conserver sa fonction, sans une permission de la Reine.

Cette disposition légale n'est pas applicable aux substituts des greffiers.

L'affinité cesse par le décès de la femme, qui l'occasionnait (10).

Les membres de la magistrature judiciaire, qui sont nommés à vie ou pour un temps déterminé, pourront être destitués de leurs fonctions par la haute cour par un arrêt motivé :

1° lorsqu'ils ont été condamnés pour délit à l'emprisonnement ou l'arrêt ;

2° lorqu'ils ont été déclarés en état de faillite ou de déconfiture, ou ont été arrêtés pour dettes ;

3° pour cause d'inconduite ou d'immoralité, ou en cas de négligence continuelle apparente dans l'accomplissement de leurs fonctions ;

4° pour cause de violation des dispositions de la loi, par lesquelles :

a) l'exercice de quelque fonction est défendu ;

b) un domicile fixe et continuel est assigné ;

c) il est défendu d'entrer dans quelque discussion ou conversation avec les parties ou ses avocats ou avoués, ou d'accepter d'eux quelque information, mémoire ou écriture ;

d) l'obligation est imposée de garder le secret de la chambre du conseil.

La transgression des dispositions mentionnées sous le numéro 4 ne peut constituer un motif de destitution, que lorsque l'auteur a déjà été admonesté auparavant pour une semblable transgression.

La haute cour ne prononce la destitution que sur le réquisitoire du procureur-général, ou si la mesure concerne celui-ci, sur le réquisitoire de l'avocat-général, désigné par la Reine à cette fin.

L'intéressé est cité au moins quinze jours d'avance par le fonctionnaire du ministère public qui requiert.

La citation a lieu par une lettre fermée, qui contient les motifs de la demande. La notification de la lettre a lieu par exploit d'un huissier.

La haute cour peut entendre des témoins, à la requête du ministère public, de l'intéressé, ou même d'office.

L'examen a lieu en chambre du conseil : L'arrêt est prononcé en public (11).

Dans le cas de l'article précédent, les fonctionnaires sont relevés de leurs fonctions de la manière déterminée par l'arrêt.

Tout membre de la magistrature judiciaire, contre lequel a été lancé soit un ordre d'arrestation ou de détention, soit une autorisation d'internement dans une maison de détention ou un asile d'aliénés, ou contre lequel la contrainte par corps a été exécutée, est suspendu par la haute cour, sur le réquisitoire du procureur-général.

La même suspension peut être prononcée par la haute cour, sur le réquisitoire du procureur-général contre le membre de la magistrature judiciaire, contre lequel a été lancé un mandat de comparution avec ordre d'arrestation ou de détention. La levée de la suspension a lieu sur le réquisitoire du procureur-général ou sur la demande du magistrat suspendu, le procureur-général entendu.

La suspension des fonctions n'emporte pas une suspension de la jouissance du traitement (13).

Les présidents ont le droit d'adresser un avertissement, d'office ou sur le réquisitoire du ministère public, aux membres de leur collège, aux juges de paix, aux greffiers et substituts des greffiers, qui négligent la dignité de leur fonction, leurs occupations officielles, ou qui se rendent coupables des transgressions mentionnés des l'article 11 n° 4, après leur avoir offert l'occasion d'être entendus.

Les présidents des cours ont la même faculté par rapport aux présidents des tribunaux d'arrondissements dans le ressort de leur collège, le président de la haute cour par rapport aux présidents des cours, et le procureur-général près de la haute cour par rapport aux autres fonctionnaires du ministère public nommés à vie (14).

Les membres de la haute cour, ainsi que des cours et tribunaux, les fonctionnaires du ministère public, les greffiers et leurs substituts près de ces collèges, doivent résider d'une façon permanente dans la commune où leur collège est établi, ou dans un rayon de mille mètres (15).

Les membres de la magistrature judiciaire ne peuvent pas s'absenter, hors du temps des vacances, du lieu de leur résidence, sans en avoir obtenu la permission.

Même pendant les vacances, ils ne peuvent aller hors du royaume sans le consentement spécial de la Reine (16).

La procédure d'audience sera publique, sous peine de nullité, à moins que la loi n'en dispose autrement, ou que la haute cour, la cour, le tribunal, ou le juge de paix, n'ordonnent, pour des motifs importants à mentionner dans le procès-verbal de la séance, que la procédure aura lieu, en tout ou en partie, à huis-clos.

Les jugements et arrêts, tant en affaires civiles que pénales, seront prononcés en public, et rédigés conformément à l'article 161 de la Constitution (1), le tout sous peine de nullité (20).

Les jugements et arrêts, rendus par un autre nombre de juges que celui déterminé dans cette loi sont nuls (21).

Aucun membre de la haute cour, ou de quelque cour ou tribunal, ne pourra être nommé commissaire ou rapporteur dans une affaire, dans laquelle un de ses parents ou alliés jusqu'au troisième degré inclus, occupe ou a occupé comme avocat ou avoué (23).

Tous les membres de la magistrature judiciaire énumérés dans cette loi, avant d'entrer en fonction, prêteront, chacun selon les formes de sa confession religieuse, le serment :

qu'ils seront fidèles à la Reine, et qu'ils maintiendront et observeront la constitution ;

qu'ils n'ont rien donné ou promis, ni donneront ou promet-

(1) ARTICLE 161. Tous les jugements doivent contenir les motifs sur lesquels ils reposent et indiquer en affaires pénales les dispositions légales sur lesquelles la condamnation est basée.

La prononciation a lieu à portes ouvertes.

Sauf les exceptions déterminées par la loi, les séances sont publiques.

Le juge peut se départir de cette règle dans l'intérêt de l'ordre et de la moralité publics.

tront quelque chose, directement ni indirectement, sous quelque nom ou prétexte que ce soit, pour obtenir leur nomination ;

qu'ils n'accepteront ni recevront jamais quelques dons ou cadeaux quels qu'ils soient de quelque personne, dont ils savent ou présument qu'il a ou aura quelque procès ou affaire, dans lesquels leur ministère officiels pourrait être requis ;

qu'ils rempliront ensuite leurs postes avec honnêteté, conscience et impartialité, sans distinction de personnes, et se conduiront dans l'exercice de leur ministère, comme il convient à des fonctionnaires judiciaires probes et intègres (29).

Section II. *Juges de paix.*

Il y aura pour chaque canton un juge, deux ou au plus quatre suppléants et un greffier (31).

En cas d'empêchement ou de défaut du juge de paix, il est remplacé par un suppléant, selon le rang de nomination (32).

En cas d'empêchement ou de défaut du greffier, ses fonctions sont remplies par un habitant du canton, âgé d'au moins vingt-trois ans, à nommer jusqu'à révocation et à assermenter par le juge de paix.

Lorsqu'un canton forme une partie d'une commune, il suffit que la personne nommée soit domiciliée dans la commune.

Le fonctionnaire du ministère public est remplacé comme tel, le cas échéant, par un suppléant du juge de paix, à indiquer par celui-ci (33).

Les juges de paix et leurs suppléants ont leur domicile fixe et permanent dans le canton. Ils tiennent leurs séances au chef lieu du canton.

Les juges de paix doivent avoir atteint l'âge de 25 ans, leurs suppléants, les greffiers et les fonctionnaires du ministère public l'âge de 23 ans.

Ils doivent avoir acquis, à l'exemption des suppléants, dans une université de l'Etat ou une université Néerlandaise qui y est assimilée, le degré de docteur en droit (35).

Les juges de paix sont nommés à vie, les fonctionnaires du ministère public et les greffiers jusqu'à révocation par la Reine.

Les juges de paix suppléants sont nommés pour cinq ans par la Reine. Ils peuvent être nommés à nouveau lorsque leur terme est fini (37).

Les juges de paix connaissent en matière civile et commerciale, sans appel si l'action ne dépasse pas 50 florins, et sauf appel si elle ne dépasse pas 200 florins :

1° de toutes actions judiciaires purement personnelles ;

2° de toutes actions en paiement de rentes, de loyers et fermages, ainsi que d'intérêts ou de parties de créances, même lorsque la rente, le loyer ou le capital de la créance dépasse 200 florins, pourvu que le titre du droit ne soit pas attaqué (38).

Ils connaissent, de même sans appel si l'action ne dépasse pas 50 florins, et sauf appel, à quelque somme que l'action pourrait s'étendre :

1° d'actions civiles en restitution de dommages, causés soit par des hommes, soit par des animaux à des héritages, bois, fruits d'arbres ou de champs ;

2° des réparations de maisons, demeures, édifices et fermes louées, qui sont selon la loi à la charge du locataire ;

3° du paiement de salaires d'ouvriers, des loyers de domestiques, et de l'accomplissement de conventions réciproques entre les maîtres et leurs domestiques ou ouvriers (39).

4° d'actions civiles, à raison d'outrage par paroles.

Ils connaissent aussi, sauf appel, des actions en expulsion de maisons, d'édifices, de demeures, de magasins, d'écuries, de greniers et de caves, abstraction faite du montant du loyer, si le locataire ne présente pas une preuve écrite de louage existant, renouvelé ou continué.

La disposition précédente est applicable aussi aux fermes louées, héritages, terrains de jardins et autres, pourvu que le loyer, compté par an, ou sa valeur, ne dépasse pas 200 florins.

Dans ces deux cas les jugements peuvent être exécutés provisoirement, nonobstant opposition ou appel, sauf la faculté au juge de paix d'imposer caution (41).

Ils connaissent de même des actions en résiliation de bail de maisons, édifices, demeures, magasins, écuries, greniers et caves, ainsi que de fermes louées, héritages, terrains de jardins et d'autres, et de leur expulsion, à raison de non-paiement sans appel, si le loyer, compté par an, ne dépasse pas 50 florins, et sauf appel, s'il ne dépasse pas 200 florins.

La disposition du dernier alinéa de l'article précédent est aussi applicable ici (42).

Le juge de paix statue sur tous les différends, susceptibles de compromis, qui lui sont soumis par les parties, domiciliées dans l'arrondissement.

Pareil jugement sera rendu en dernier ressort, à moins que les parties se fussent réservées l'appel, dans des affaires appellables (43).

Les juges de paix jugent du maraudage, mentionné par l'article 314 C. P. et de toutes les autres contraventions, dont la connaissance n'est pas déférée à un autre juge.

Leurs jugements sont appellables si la peine dépasse la mise à l'amende de 25 florins au plus.

Section III. *Des tribunaux d'arrondissement.*

Les juges des tribunaux d'arrondissement, les officiers de justice, les greffiers et les juges suppléants doivent avoir accompli l'âge de 25 ans, et être docteurs en droit.

Les présidents, vice-présidents, juges et juges suppléants sont nommés à vie par la Reine.

Les fonctionnaires du ministère public, les greffiers et leurs substituts sont nommés aussi par la Reine, mais jusqu'à révocation (51)

Les tribunaux d'arrondissements connaissent en première instance de toutes les actions judiciaires personnelles, réelles et mixtes, quel qu'en soit le caractère, à l'exception de celles qui ont été déclarées par la loi appartenir à la compétence des juges de paix, des cours ou de la haute cour (53).

Ils connaissent en dernier ressort :

1° de tous les différends de juridiction entre les juges de paix de leur ressort ;

2° de toutes les actions judiciaires personnelles, dont le montant ne dépasse pas 400 florins ;

3° de toutes les actions judiciaires réelles, lorsque la valeur de l'objet, soit en capital, soit en revenus capitalisés à cinq pour cent, ne dépasse pas 400 florins ;

4° de toutes les procédures concernant le déplacement de bornes, l'appropriation de terrains, arbres, haies, fossés, de conduites et d'entraves de cours d'eau, commis dans l'année, et de toutes les actions possessoires ;

5° de tous les jugements appellables rendus par les juges de paix (54).

Ils jugent en dernier ressort dans toutes les actions personnelles, réelles et mixtes, appellables, lorsque les parties ont déclaré se désister de l'appel.

Cette disposition n'est pas applicable aux affaires qui ne sont pas susceptibles de compromis (55).

Les tribunaux d'arrondissement jugent en première instance les contraventions mentionnées aux articles 432, 433 et 434 C. P. (mendicité et vagabondage), les contraventions à raison d'impôts, et tous les délits, dont la connaissance n'est pas déférée à un autre juge.

Ces jugements sont appellables, à l'exception de ceux rendus à cause de contraventions.

Ils prennent connaissance aussi des actions en dommages au profit de la partie lésée, lorsque ces actions ne dépassent pas 150 florins. Lorsque ces actions dépassent 150 florins, elles doivent être poursuivies par action civile spéciale (56).

Les tribunaux d'arrondissement connaissent en degré d'appel des jugements rendus par les juges de paix.

SECTION IV. *Des cours.*

Il y a cinq cours, dont les sièges sont à Bois-le-Duc, à Arnhem, à La Haye, à Amsterdam et à Leeuwaarden.

Le ressort de la cour à Bois-le-Duc comprend les arrondissements dont les chefs-lieux sont situés dans les provinces du Brabant septentrional et du Limbourg ; celui de la cour à Arnhem, les arrondissements dont les chefs-lieux sont situés dans les provinces de Gueldre et d'Overysel ; celui de la cour de La Haye, les arrondissements dont les chefs-lieux sont situés dans les provinces de la Hollande méridionale et de la Zélande ; celui de la cour à Amsterdam, les arrondissements dont les chefs-lieux sont situés dans les provinces de la Hollande septentrionale et d'Utrecht ; celui de la cour de Leeuwaarden, les arrondissements dont les chefs-lieux sont situés dans les provinces de Frise, de Groningue et de Drenthe (60).

Les présidents, vice-présidents et conseillers sont nommés à vie par la Reine.

Les fonctionnaires du ministère public, les greffiers et leurs substituts sont aussi nommés par la Reine, mais jusqu'à révocation (62).

Lorsqu'une place de conseiller est vacante, la cour, y compris le procureur-général, dresse une liste de présentation de trois candidats (63).

Outre les facultés requises par la Constitution, les conseillers, procureurs-généraux, avocats-généraux et greffiers des cours doivent : 1° être depuis au moins cinq ans maîtres ou licenciés en droit (1) dans une des universités du royaume ;

2° avoir accompli l'âge de trente ans.

(1) Avant la loi sur l'enseignement supérieur de 1876 il y avait trois universités du Royaume, savoir : Leyde, Utrecht et Groninghe, qui accordaient le degré de docteur dans les deux droits ou un droit, indiqué aussi par le nom de maitre en droit. Le licenciat n'existait plus Après cette loi, les trois universités ont été maintenues, mais une quatrième y a été ajoutée, savoir l'université communale d'Amsterdam, qui accorde les mêmes droits. Toutefois ces facultés n'accordent plus le degré de docteur dans les deux droits (Romain et moderne) ou un droit, mais ou celui de docteur dans la science du droit, qui donne accès à la magistrature judiciaire, ou celui de docteur dans la science de l'État (droit constitutionnel, administratif, etc.) ou tous les deux ensemble.

Ces quelques informations suffiront au lecteur ; il est impossible d'entrer ici dans les détails.

Les substituts des greffiers doivent avoir acquis le même diplôme et avoir accompli l'âge de 25 ans (64).

Les cours jugent en première instance les conflits de juridiction entre des tribunaux d'arrondissement ou entre des juges de paix (65).

Elles jugent en première instance et en dernier ressort, sauf le recours en cassation, tous les différends civils, et sous réserve d'appel, lorsque les parties invoquent à cette fin de leur propre gré la puissance judiciaire de la cour (66).

Elles jugent en appel les jugements qui en sont susceptibles en matière pénale, rendus en première instance par les tribunaux d'arrondissement dans leur ressort (68).

Dans les affaires mentionnées dans les articles 65, 66 et 69 les cours siègent au nombre de cinq conseillers (70).

Dans les affaires mentionnées dans l'article 68, il ne pourra être rendu d'arrêts qu'avec six conseillers, et il ne pourra être prononcé de condamnation qu'à la pluralité de voix.

Lorsque les voix se balancent, l'arrêt est rendu au profit de l'inculpé (71).

Lorsqu'il est porté à sa connaissance que des faits punissables ne sont pas poursuivis, la cour peut requérir le Procureur général d'en faire rapport et ordonner des poursuites d'office (72).

Section V. *De la haute cour.*

La haute cour comprend un président, un vice-président, au moins douze et au plus quatorze conseillers, un procureur-général, trois avocats-généraux, un greffier et deux substituts de greffier (83).

Le président, le vice-président et les conseillers de la haute cour, ainsi que le procureur-général sont nommés à vie par la Reine.

Les avocats-généraux, le greffier et ses substituts sont aussi nommés par la Reine, mais jusqu'à révocation (84).

Lorsqu'une place de conseiller à la haute cour est vacante, celle-ci en informera la seconde chambre des États-Généraux, et lui enverra en même temps une liste de présentation de 6 candidats.

Les facultés, requises pour être conseiller, procureur-général, avocat-général ou greffier près la haute cour, sont, outre celles exigées par la constitution :

1° avoir obtenu depuis au moins dix ans le degré de maître ou licencié en droit, dans une des universités du royaume ;

2° avoir accompli l'âge de 35 ans.

Les substituts du greffier doivent posséder le même degré en droit, et avoir accompli l'âge de 25 ans (86).

La haute cour juge en première instance :

1° toutes les actions judiciaires, dirigées contre la Reine ou les membres de la maison royale ;

2° toutes les actions judiciaires, dirigées contre l'Etat, sauf celles qui se rapportent aux impôts du royaume. Toutefois les actions judiciaires ordinaires doivent être portées devant le juge ordinaire (87).

La haute cour juge aussi en première instance tous les conflits de juridiction :

1° entre toutes les autorités judiciaires, qui ne ressortent pas de la même cour ;

2° entre les cours ;

3° entre une cour jugeant en première instance, et un tribunal ou collège judiciaire, dans son ressort ;

4° entre une cour ou un tribunal d'une part, et un des collèges spéciaux mentionnés par l'article 1, d'autre part (88).

La haute cour connaît aussi en première instance de tous les différends de prises et de butin, faits par des bâtiments de guerre de l'Etat, ou par des bâtiments équipés par des particuliers et pourvus de lettres de marque (89).

Les arrêts rendus par la haute cour en première instance en affaires civiles, seront sujets à revision, conformément aux dispositions du code de procédure civile (90).

La haute cour juge en degré d'appel en affaires civiles :

1° les arrêts susceptibles d'appel rendus par les cours en première instance ;

2° les arrêts rendus par les cours de justice dans les colonies, ou possessions d'outre-mer, conformément aux dispositions à établir par la Reine (91).

La haute cour connaît en premier et dernier ressort des délits et contraventions commis dans l'exercice de leurs fonctions par les membres des Etats-Généraux, les chefs des départements ministériels, les gouverneurs-généraux ou les fonctionnaires supérieurs de rang égal dans les colonies ou possessions d'outre-mer, les membres du Conseil d'Etat et les commissaires de la Reine dans les provinces.

Dans les délits et contraventions sont compris les faits punissables commis avec les circonstances aggravantes énumérées à l'article 44 C. P.

Dans ces cas la haute cour est compétente pour juger l'action en dommages et intérêts, selon les dispositions du dernier alinéa de l'article 56 (92).

La haute cour connait en premier et dernier ressort des délits mentionnés dans les articles 381 à 385, 388 et 389 C. P. (93).

Contre les arrêts de la haute cour, la cassation n'est pas admise (94).

La haute cour connait de l'action en cassation, dirigée contre les actes des cours, des tribunaux d'arrondissement et des juges de paix, et contre leurs arrêts et jugements, rendus en dernier ressort (95).

L'action en cassation peut être intentée, soit par les parties, soit d'office par le procureur-général près la haute cour, avec l'observation des prescriptions suivantes (96).

Le procureur-général près la haute cour pourra se pourvoir en cassation dans l'intérêt de la loi, après que les délais accordés aux parties sont expirés, sans que l'arrêt à rendre puisse porter quelque préjudice aux droits acquis par les parties (98).

La haute cour annulle les actes, arrêts et jugements :

1° pour inobservation des formes, prescrites sous peine de nullité ;

2° pour cause d'application erronée ou de violation de la loi ;

3° pour trangression de la compétence judiciaire.

Néanmoins les jugements rendus en affaires civiles par les juges de paix en dernier ressort, ne peuvent être annulés que pour cause d'incompétence, ou s'ils ne contiennent pas les motifs, sur lesquels ils sont rendus, ou n'ont pas été prononcés à portes ouvertes ; sauf la faculté du procureur-général auprès de la haute cour, de se pourvoir contre les jugements dans l'unique intérêt de la loi (99).

Sauf les cas où un autre nombre de conseillers est requis par la loi, la haute cour siège en toutes affaires civiles, tant en première instance qu'en appel, ainsi qu'en affaires pénales et en cassation, au nombre de sept conseillers (100).

Dans les affaires mentionnées par l'article 92, la haute cour siège au nombre de dix conseillers.

En cas de partage des voix l'arrêt est prononcé au profit de l'inculpé (101).

Dans les affaires, mentionnées par l'article 93, la haute cour siège au nombre de six conseillers.

Lorsque l'arrêt ou le jugement est annulé pour fausse application ou violation de la loi, ou excès de pouvoir, la haute cour fera droit au principal, sans entrer dans une nouvelle enquête au sujet de l'existence ou de la non-existence des faits mentionnés dans l'arrêt ou le jugement attaqué ; et l'arrêt de la cour ne sera susceptible en aucun cas d'une décision judiciaire ultérieure (105).

Si l'arrêt ou le jugement est annulé pour omission dans les formes, qui sont prescrites sous peine de nullité, la haute cour ordonnera une nouvelle instruction de l'affaire, à partir de l'acte le plus ancien dans lequel la nullité a été commise, et dans ce cas l'affaire sera renvoyée :

1° lorsque la décision annulée avait été prononcée par un juge de paix, au tribunal de l'arrondissement du ressort auquel il appartient ;

2° lorsque le jugement annulé a été rendu par un tribunal d'arrondissement, à la cour d'appel du ressort ;

3° lorsque l'arrêt a été rendu par une cour, à une autre cour (106).

§ XII. Appels et voies pour attaquer les jugements.

Code de Procédure civile.

Appel.

Les parties peuvent appeler des jugements rendus par des juges de paix, tribunaux et cours, en des affaires dans lesquelles ils ne peuvent juger qu'en première instance (332).

Dans les questions de compétence l'appel sera toujours recevable (333).

La partie qui a acquiescé à un jugement, ne sera plus recevable à en appeler (334).

Contre les condamnations par défaut il n'y a pas d'appel ; mais si le demandeur primitif interjette appel, le défendeur pourra faire valoir toutes ses défenses en appel, même par voie d'appel incidentel, sans pouvoir ensuite se servir du moyen d'opposition en première instance.

L'appel d'un jugement interlocutoire ne pourra être interjeté que dans le même délai et en même temps que l'appel du jugement final.

Cet appel sera recevable, même lorsque le jugement préparatoire aurait été exécuté sans réserve (336).

Le délai d'appel sera de trois mois, à compter du jour de la notification du jugement, soit à la personne, soit à son domicile.

Toutefois le défendeur en appel peut interjeter un appel incidentel, même lorsqu'il avait fait notifier le jugement sans aucune réserve.

Le terme court contre toutes les parties.

Le terme ne court contre le mineur émancipé, que du jour où le jugement aura été signifié au tuteur (340).

L'appel d'un jugement qui n'est pas exécutoire par provision, ne peut pas être interjeté dans la première huitaine qui suit le prononcé. Si l'appel a lieu dans cette période, l'appellant est déclaré non-recevable, sauf sa faculté de répéter l'appel, si le terme n'est pas écoulé.

Sont applicables à l'appel les dispositions de la septième section du premier titre de ce livre (343).

Le défendeur en appel peut anticiper le terme pour lequel il a été cité, en déterminant dans l'acte de constitution d'avoué le jour auquel il portera l'affaire à l'audience (344).

L'appel de dispositions sur requête est porté également par requête devant le juge supérieur.

Dans les affaires susceptibles selon les dispositions de ce code d'être traitées sommairement, il sera procédé en appel comme il a été prescrit pour les affaires sommaires en première instance.

Pour les affaires ordinaires il sera procédé comme en première instance, avec cette différence qu'il n'est permis de signifier que deux écrits, savoir : de la part de l'appellant, un mémoire, contenant ses griefs, et après cela de la part du défendeur en appel un mémoire de réponse.

Aucune nouvelle action ne peut être intentée en appel, à moins qu'il ne soit question :

1° d'intérêts, de rentes, de loyers dus ou nés depuis le jugement de première instance ;

2° de frais, dommages et intérêts à cause d'un préjudice souffert depuis le jugement ;

3° d'une action par provision.

Toutefois le défendeur primitif peut avancer de nouvelles défenses de droit, pourvu qu'elles offrent une défense au principal ; mais il pourra être, même s'il a gain de cause au principal, condamné aux frais des procédures faites jusqu'à la présentation de ces défenses, s'il eût pu les faire valoir en première instance (348).

Dans l'appel tant principal qu'incidentel, les nouvelles actions et défenses dont il est parlé dans l'article précédent, peuvent être présentées par conclusions motivées signifiées à l'avoué de la partie adverse (349).

L'appel suspend l'exécution du jugement, s'il n'a pas été statué qu'il sera exécuté par provision, dans les cas où ceci est permis (350).

Sont applicables en appel les dispositions du troisième titre de ce livre concernant la constitution d'avoué, les requêtes provisoires et les exceptions, la procédure par écrit, les différends sur l'authenticité ou la non-authenticité d'écrits, l'audition de témoins, les rapports d'experts, l'interrogatoire des parties, les actions incidentelles, la suspension et la reprise du procès, le désaveu d'actes judiciaires accomplis, le désistement de l'instance, et l'intervention (353).

Lorsqu'un jugement est confirmé, par lequel le juge en première instance s'est seulement déclaré compétent pour connaître de l'affaire, le juge d'appel la lui renverra pour être décidée au principal, à moins que les parties demandent que le juge supérieur statue au fond (357).

Si le premier juge s'est déclaré incompétent et que cette décision est annulée, le juge supérieur renverra l'affaire au principal au même juge, excepté :

1° lorsque les deux parties exigent que le juge supérieur reste saisi de l'affaire ;

2° lorsque le juge supérieur trouve des motifs d'après le caractère du procès pour renvoyer l'affaire à un autre juge.

Revision.

Les parties peuvent faire reviser des arrêts, rendus par la haute cour en première instance, en vertu de la loi sur la composition de la magistrature judiciaire et la direction de la justice (359).

Les dispositions des sections première et seconde du septième titre de ce livre sont applicables à la revision (361).

Le demandeur en revision, doit présenter une requête à la haute cour et demander la fixation d'un jour pour faire citer sa partie adverse (362).

La haute cour fixera jour par simple appointement sur la requête.

Elle nommera en même temps deux conseillers-commissaires, en présence desquels les plaidoiries auront lieu (363).

En revision sont exclusivement applicables les formes prescrites pour la procédure en appel par les articles 343, 345,

348, 349, 350, 351, 352 et 353 de la troisième section du septième titre de ce livre (364).

Par conséquent le terme de la citation ne peut pas être abrégé conformément à l'article 344 de cette section, et le procès doit toujours être traité comme affaire ordinaire, même lorsqu'il a été traité sommairement en première instance (365).

Les conseillers-commissaires renvoient la partie à une audience de la haute cour (366).

Au jour fixé la haute cour, composée de onze membres, le président ou le conseiller qui le remplace y compris, tient une séance publique.

Les sept membres, qui ont pris connaissance de l'affaire en première instance, jugeront du procès en revision.

Les avoués des parties répètent au jour fixé, avant le commencement des plaidoyers, le résumé de leurs conclusions (369).

Un des conseillers-commissaires, par devant desquels le procès a été mené, fait un rapport sommaire de son cours (370).

La haute cour juge en revision comme il a été déterminé pour l'appel près des cours (371).

De la tierce opposition.

Des tiers sont autorisés à s'opposer à un jugement qui lèse leurs intérêts, s'ils n'ont pas été mis en cause dans le procès (376).

Cette opposition est jugée par le juge par lequel le jugement a été rendu. Elle est introduite par une citation contre toutes les parties en cause, suivant les prescriptions ordinaires (377).

Le juge, saisi d'une tierce opposition, peut suspendre l'exécution du jugement attaqué, jusqu'à ce qu'il soit décidé de l'opposition (379).

Lorsque l'opposition a été déclarée fondée, le jugement contre lequel celle-ci a été dirigée n'est corrigé que pour autant qu'il a préjudicié aux droits de tiers, à moins que l'indivisibilité de la sentence rendue ne nécessite une annulation complète (380).

De la requête civile.

Les jugements contradictoires, rendus en dernier ressort, et ceux qui sont rendus par défaut et ne sont plus susceptibles d'opposition, peuvent être révoqués, sur la demande de ceux qui ont été partie ou ont été cités, pour les causes suivantes :

1° si la décision est basée sur une fraude commise par la partie adverse dans les procédures et découverte postérieurement au prononcé ;

2° si une décision a été prise sur des choses non comprises dans la demande ;

3° s'il a été adjugé plus que ce qui avait été demandé ;

4° s'il a été omis de statuer sur une des parties de l'action ;

5° si des jugements contradictoires ont été rendus en dernier ressort entre les mêmes parties, sur les mêmes motifs et par le même juge ;

6° s'il y a des dispositions contradictoires dans le même jugement ;

7° s'il a été jugé sur des pièces, reconnues ou déclarées fausses après le jugement ;

8° lorsqu'on a découvert, après le jugement, des pièces décisives qui avaient été retenues par le fait de la partie adverse (382).

Les mineurs seront en outre recevables à demander une telle révocation, s'ils n'ont pas été défendus (383).

La requête civile sera signifiée avec citation dans les trois mois à compter du jour auquel le jugement dont on se plaint, aura été signifié au requérant, ou à son domicile.

Si la requête civile est basée sur un faux, une tromperie, une fraude ou la découverte de nouvelles pièces, les délais ne courront que du jour où le faux, la tromperie ou la fraude se seront manifestés, ou les pièces découvertes, pourvu que, dans ce cas, cette date puisse être prouvée par écrit (387).

S'il y a contradiction entre les jugements, le terme court depuis le jour de la signification du dernier jugement (388).

La requête civile est présentée au même juge, qui a rendu le jugement attaqué.

La requête civile n'empêche pas l'exécution du jugement attaqué et celle-ci ne pourra être empêchée par aucun ordre judiciaire (392).

Si la requête civile est acceptée, le jugement sera révoqué et les parties seront restituées dans le statu quo avant le jugement : ce qui a été perçu ou reçu par suite de la condamnation prononcée par le jugement, sera rendu.

Si la requête civile est acceptée pour cause de contradiction de jugements, il est ordonné dans la décision que le jugement rendu en premier lieu aura seul force (394).

On ne peut introduire de requête civile contre les jugements des juges de paix, que dans le cas des n° 1 et 7 de l'article 382 (397).

Du recours en cassation.

Le pourvoi en cassation doit être intenté dans les trois mois, à compter de la signification de l'arrêt ou du jugement.

Dans le cas où la loi a prescrit pour l'appel un terme plus court, le terme est abrégé aussi pour le pourvoi en cassation, et fixé au double du délai pour l'appel.

Le juge ordonnera l'exécution provisoire d'un jugement ou arrêt, nonobstant cassation, dans les mêmes cas où il ordonnerait l'exécution provisoire nonobstant opposition ou appel.

Hors ces cas, le pourvoi en cassation a une force suspensive (398).

Les dispositions des articles 334, 336, 337 et 341 de ce code sont applicables à la procédure en cassation (399).

Le pourvoi en cassation est intenté par une citation dans la même forme qu'en première instance.

La citation contient une détermination des moyens de cassation.

Le demandeur y indique un avocat près de la haute cour, qui le représentera dans le procès.

Le défendeur, qui veut se pourvoir en cassation reconventionnellement, le fait sous peine de déchéance, dans sa conclusion de réplique.

Cette conclusion contient alors une détermination des moyens de cassation avec l'indication mentionnée dans l'article 406.

Le défendeur est recevable dans ce pourvoi incidentel même après que les délais fixés à l'article 398 sont écoulés et même après acquiescement à l'arrêt ou au jugement.

Le désistement du pourvoi principal ne fait pas tomber le pourvoi incidentel (410).

En cas de pourvoi incidentel ou lorsqu'une exception est avancée par le défendeur contre le pourvoi principal, il est accordé au demandeur, sur sa demande, un terme de quatre semaines au plus pour répondre par conclusion, au pourvoi incidentel ou à l'exception proposée.

Les parties sont obligées de se communiquer mutuellement les pièces sur lesquelles elles fondent leurs assertions, en copie ou en déposant l'original au greffe pendant trois jours au moins (413).

Si l'arrêt est annulé du chef d'incompétence, la haute cour renvoie les parties devant le juge compétent (421).

Si un jugement interlocutoire est annulé, la haute cour renvoie le procès, selon le caractère de l'affaire, au juge qui en a été saisi en première instance ou en appel, afin de traiter ultérieurement l'affaire principale (422).

Lorsqu'un arrêt est annulé pour excès de pouvoir, pour application erronée ou violation de la loi, la haute cour décide l'affaire principale, comme le juge, qui a rendu l'arrêt annulé, aurait dû faire. Toutefois si la décision définitive de l'affaire principale dépend de faits ou de points de droit qui n'ont pas été résolus, la haute cour renvoie le procès au juge saisi (424).

Il n'est admis d'opposition contre des arrêts par défaut, rendus par la haute cour, qu'en cas de nullité de la citation, ou si le pourvoi avait été intenté après l'expiration du terme légal ; l'opposition aura lieu dans les quinze jours après la signification de l'arrêt (425).

Le pourvoi en cassation contre les décisions sur requête est porté de même par requête devant la haute cour.

La requête écrite contient une détermination des moyens de cassation avec l'indication mentionnée dans l'article 406.

Code de procédure pénale.

Appel.

Appel peut être intenté par l'officier de justice et par l'inculpé contre les décisions des tribunaux d'arrondissement.

L'officier de justice seul peut appeler des jugements par contumace. Cet appel tombe de droit, si dans la huitaine après la communication mentionnée par l'article 234, le contumax fait opposition au jugement.

Si le même jugement est attaqué simultanément par voie d'appel et de cassation, il n'est pas donné suite à l'appel, aussi longtemps qu'il n'a pas été jugé sur le pourvoi en cassation.

Dans ce cas l'appel tombe de droit, lorsque le pourvoi en cassation est jugé recevable par la haute cour.

Contre des jugements qui ne sont pas définitifs, l'appel n'est recevable que concurremment avec celui du jugement définitif (228).

L'appel doit être intenté quinze jours après que le jugement a été prononcé.

L'appel est intenté par une déclaration au greffe du tribunal, qui a rendu le jugement.

La déclaration peut aussi être faite au nom de l'inculpé par son avocat, ou par un mandataire spécial.

Lorsque l'inculpé, qui est incarcéré, désire faire lui-même la déclaration, le greffier se rendra chez lui pour le recevoir (230).

Dans les quinze jours de la déclaration, la partie appellante pourra présenter à la cour un mémoire, contenant les moyens sur lesquels elle base son appel ; le mémoire doit être signé par la partie ou son avocat ; il sera joint aux pièces et la partie ou son avocat pourra l'examiner (232).

Si l'appel a été intenté par l'officier de justice, il sera dénoncé à l'inculpé par exploit.

Lorsque la partie lésée s'est jointe dans le procès, le procureur-général lui notifiera par exploit le jour où l'affaire sera traitée à l'audience.

Aussi longtemps qu'il n'a pas été fait de citation, celui qui a intenté l'appel peut se désister. Le désistement a lieu et est prouvé de la manière, prescrite par les articles 230 et 231. Le greffier en donne immédiatement avis au procureur-général.

Le désistement fait par l'officier de justice, est notifié par exploit à l'inculpé (237).

Le procureur-général et l'inculpé peuvent faire entendre tant les témoins ou experts interrogés en première instance que de nouveaux. Ils peuvent transmettre aussi de nouveaux écrits.

La partie lésée, qui n'est pas intervenue conformément à l'article 202 dans le procès en première instance, ne peut plus le faire en appel.

Lorsque l'intervention a eu lieu en première instance, elle dure de droit en appel (245).

Si l'inculpé s'est pourvu seul en appel, il ne peut être condamné à une peine plus forte que celle qui lui a été infligée par le jugement (248).

Les frais de l'appel ne sont pas à la charge de l'inculpé, si, sur l'appel de l'officier de justice seul, le jugement est confirmé ou modifié au profit de l'inculpé.

En cas de renvoi conformément au deuxième alinéa de l'article 247, la décision concernant les frais est réservée jusqu'à la décision définitive (249).

L'arrêt de la cour est prononcé en séance publique par le président ou un des membres qui ont jugé de l'affaire (250).

Opposition.

Celui, qui reste en défaut de comparaître à l'audience sur la citation à lui faite ou de se faire représenter par un mandataire, dans les cas prévus par la loi, sera déclaré contumax, après quoi il est passé directement à l'examen et à la décision conformément aux titres IV, V ou VI.

De même il est accordé défaut contre le défendeur qui ne satisfait pas a l'ordre mentionné dans les articles 150 et 253 n° 2 de comparaître en personne (264).

Le jugement rendu par défaut sera signifié à l'inculpé, à la requête du ministère public (265).

Le condamné peut faire opposition par exploit signifié au ministère public dans les quinze jours de son arrestation en vertu dudit jugement, ou de la saisie de ses biens pour payement d'une amende prononcée contre lui. L'exécution du jugement est suspendue par l'opposition.

L'ordre d'appréhension accordé conformément à l'article 227 est exécutoire nonobstant opposition.

Tous les frais causés par l'opposition, restent à la charge du contumax, à moins que la citation ait été déclarée nulle, ou qu'il prouve avoir été dans l'impossibilité de comparaître (266).

L'opposition emporte de droit citation pour l'audience prochaine ordinaire ; elle sera déclarée déchue, lorsque celui qui est venu en opposition, ne comparaît pas au jour fixé, et le jugement rendu par défaut sera exécuté.

Lorsque celui qui est venu en opposition, comparaît au jour fixé, l'affaire est traitée conformément aux prescriptions des titres IV, V, VI. Le juge confirme la décision rendue par défaut, ou fait droit à nouveau en annulant cette décision en tout ou en partie (267).

Cassation.

L'omission de formalités requises sous peine de nullité et les autres motifs de cassation en matière civile, justifient un pourvoi en matière répressive.

Cependant si l'inculpé a été acquitté pour le motif que sa faute n'est pas prouvée, la cassation du jugement ou de l'arrêt ne peut être poursuivie par le procureur-général près la haute cour qu'exclusivement dans l'intérêt de la loi, sans préjudice à l'acquitté (347).

Si l'inculpé a été libéré de toute poursuite judiciaire, pour le motif que le fait ne constitue ni délit, ni contravention, la cassation peut être requise par le ministère public, de la manière prescrite dans la seconde section de ce titre (348).

Si la nullité est fondée sur la condamnation à une autre peine que celle qui est déterminée par la loi contre le délit ou la contravention, la cassation peut être sollicitée de la manière prescrite, tant par le ministère public que par le condamné (349).

Dans le cas prévu par les articles 348 et 349, l'inculpé peut se pourvoir en cassation incidentellement, à raison des vices de forme commis à l'occasion de l'audience.

Cette demande incidentelle est préalablement instruite et décidée.

Si le jugement ou l'arrêt est annulé, la haute cour agit conformément à l'article 106 de la loi sur l'organisation judiciaire.

Si au contraire le pourvoi incident est rejeté, il sera donné suite au pourvoi du procureur-général (350).

Lorsque la peine appliquée est la même que celle de la loi qui est applicable au délit ou à la contravention, le condamné ne pourra pas demander l'annulation de l'arrêt ou du jugement, pour le motif qu'une erreur a été commise dans la citation des articles de la loi, sauf le droit du ministère public de demander l annulation dans l'intérêt de la loi (351).

Lorsque la haute cour annule l'instruction d'une affaire, elle ordonnera, si des erreurs graves ont eu lieu, que les frais du procès annulé viendront à la charge du fonctionnaire qui a commis la nullité (352).

Dans les affaires pénales quelles qu'elles soient, les parties ne sont pas recevables en cassation, aussi longtemps que la manière ordinaire de procéder suffit (353).

L'inculpé aura trois jours francs après que l'arrêt ou le jugement a été prononcé, pour faire sa déclaration. Le même terme est accordé au ministère public (356).

L'inculpé pourra, soit au moment de signer le pourvoi, soit dans les dix jours suivants, déposer au greffe de la cour ou du tribunal, où l'arrêt ou le jugement attaqué a été rendu, une requête écrite, contenant ses moyens de cassation (359).

Abstraction faite des moyens de cassation mentionnés dans les mémoires réciproques, d'autres peuvent encore être avancés, sauf la faculté de la haute cour, d'accorder à la partie adverse, s'il y a lieu, un nouveau délai convenable (360).

Si par le jugement ou l'arrêt de condamnation plusieurs co-inculpés ont été condamnés, et que quelques-uns d'eux se sont pourvus en cassation, l'annulation de la décision, si elle lieu, s'appliquéra à tous.

L'inculpé, qui n'a pas comparu en cassation, ne peut cependant pas être condamné, par un nouvel arrêt, à une peine plus forte que celle à laquelle il avait été condamné auparavant (374).

Circonstances particulières, qui peuvent amener la suspension ou l'annulation d'arrêts et de jugements.

Les arrêts et jugements, par lesquels quelqu'un a été condamné à une peine peuvent, même dans le cas où le recours en cassation aurait été rejeté, être suspendus et même annulés par la haute cour, soit sur le réquisitoire du procureur-général, ou sur une requête écrite du condamné :

1° si deux ou plusieurs inculpés ont été condamnés par des arrêts ou jugements différents comme auteurs du même fait punissable, et que ces arrêts ne sont pas compatibles, mais emportent la preuve de l'innocence de l'un ou de l'autre ;

2° si, après la condamnation pour un crime ayant occasionné la mort, des pièces sont produites, prouvant suffisamment que la personne, dont la mort présumée a donné lieu à la condamnation ou a été prise en considération pour la détermination de la peine, est encore en vie ;

3° si, après la condamnation d'un inculpé du chef d'un fait punissable quelconque, un ou plusieurs témoins qui ont porté témoignage à sa charge, sont traduits en justice pour parjure (375).

Dans le cas mentionné sub 1°, la haute cour annulera les deux décisions ou jugements, et renverra les inculpés à un tribunal d'arrondissement, qui n'a pas pris connaissance du fait punissable imputé aux inculpés, et cela afin d'examiner de nouveau l'affaire et de faire droit ensuite (376).

Dans le cas mentionné sub 2°, la haute cour suspendra l'exécution de l'arrêt ou du jugement, nommera un tribunal chargé de faire un examen judiciaire sur l'identité de la personne et d'envoyer ensuite les pièces à la haute cour, qui suivant les cas, retirera la suspension ou annulera l'arrêt ou le jugement de condamnation, et ordonnera en même temps, sur le réquisitoire du procureur-général, un examen ultérieur de l'affaire (377).

Dans le cas mentionné par le n° 3, la haute cour suspendra de même l'exécution de l'arrêt ou du jugement de condamnation, jusqu'à ce qu'il aura été décidé sur la faute des témoins accusés.

Si les témoins sont acquittés, la haute cour ordonnera que l'arrêt ou le jugement primitif, rendu contre les inculpés, soit exécuté.

Si au contraire les témoins sont condamnés pour parjure, la haute cour annulera l'arrêt ou le jugement primitif rendu contre l'inculpé, et renverra l'affaire à un tribunal d'arrondissement, qui n'a pris connaissance ni de l'affaire primitive, ni de celle se rapportant au parjure.

Les témoins, qui ont été condamnés pour parjure, ne pourront pas être entendus dans le nouvel examen (378).

§ XIII. Frais judiciaires.

Ceux qui sont condamnés au fond, sont condamnés aussi à payer les frais de la procédure, tant en matière civile qu'en matière pénale.

Un tarif a été sanctionné par les lois du 28 août et du 29 décembre 1843, qui contient les dispositions des frais de justice et des salaires en affaires civiles.

Un tarif réglant les frais judiciaires en affaires pénales a été arrêté par la loi du 18 avril 1874, modifiée par les lois du 28 juin 1876 et du 28 août 1886.

La loi du 22 décembre 1857, porte abrogation de la loi du 3 septembre 1807 (régime français) sur l'intérêt légal, et fixe celui-ci à 5 % en matières civiles, à 6 % en matières commerciales.

Pour les principes, il n'y a pas de dérogations à signaler à l'exposé fait pour la Belgique (v. p. 68 ss.)

§ XIV. Saisies.

(V. Belgique, p. 70 et suiv.)

La saisie arrêt est réglée par la 3me sect. du Code de Procédure civile, liv. III, titre IV (art. 735 à 757, similaires à la procédure française).

La saisie gagerie est réglée par la 4me section du même titre (art. 758 à 763).

La saisie foraine, par la 5me section (art. 764 à 770).

La saisie conservatoire est admise en matière civile (art. 727 à 734 ibid.), moyennant autorisation du président du tribunal d'arrondissement.

§ XV. Exécution de jugements.

Cette matière est traitée dans le second livre du code de procédure civile, dont l'intitulé porte : *De l'exécution de jugements et d'actes authentiques.*

Règles générales concernant l'exécution judiciaire des jugements et actes authentiques.

Les jugements, rendus dans les Pays-Bas, pourront être exécutés dans tout le Royaume. La grosse portera en tête les mots : « Au nom de la Reine ». Elle sera signifiée à la personne elle-même ou à son domicile, et de la manière prescrite par l'article 4 de ce code (430).

Hormis les cas mentionnés expressément par la loi, les jugements rendus par des juges ou des tribunaux étrangers, ne peuvent pas être exécutés dans le royaume. Même dans ces cas ils ne seront exécutoires qu'après un permis d'exécution délivré sur une requête écrite, par le tribunal de l'arrondissement dans lequel le jugement doit être exécuté. Le fond du procès ne sera pas soumis à un nouvel examen (431).

Un jugement, dont l'exécution provisoire n'a pas été

ordonnée, ne peut être exécuté contre un tiers, que huit jours après la signification à la partie qui a perdu sa cause, et en remettant la déclaration du greffier, qu'il n'a pas été annoté sur ses registres appel ou cassation contre le jugement (432).

La remise à l'huissier, du jugement dont on désire l'exécution, l'autorise à faire tous les actes d'exécution, sauf la contrainte par corps, pour laquelle un mandat spécial est requis (434).

Les différends sur l'exécution de jugements des juges de paix doivent être portés devant les tribunaux d'arrondissement (435).

Il est permis à celui qui exécute un jugement ou acte de faire saisir en même temps les meubles et les immeubles de la partie condamnée ou obligée (437), sauf les dispositions concernant le référé devant le président du tribunal de l'arrondissement.

De l'exécution judiciaire sur les meubles.

Section I. *De la saisie de choses mobilières.*

Aucune saisie exécutoire de choses mobilières ne peut avoir lieu, qu'en vertu d'un jugement ou d'un acte authentique en forme exécutoire.

Elle doit être précédée d'un exploit d'huissier, contenant l'ordre de satisfaire dans les deux jours au jugement ou à l'acte.

Si lors de la signification du jugement ou de l'acte, l'ordre prescrit a été fait en même temps, un ordre spécial n'est pas requis.

Après un intervalle de deux jours, la saisie peut avoir lieu par l'huissier détenteur de la pièce à exécuter.

L'huissier sera assisté par deux témoins, dont les noms, la profession et le domicile seront mentionnés dans le procès verbal : ils signeront la pièce originale et les copies (440).

Si la personne, contre laquelle la saisie est faite, ne paie pas, ou ne satisfait pas immédiatement à l'objet de la saisie, y compris les frais, l'huissier peut placer provisoirement, soit dans la maison, soit à la porte du saisi, des gardiens, afin d'empêcher le détournement des biens (442).

Si lors de la saisie des monnaies comptantes ont été trouvées, elles seront mentionnées par le nombre et l'espèce ; l'huissier les transportera au greffe, ainsi que tout papier ayant une valeur d'argent à moins que l'exécutant et l'exécuté, ainsi que les opposants (s'il y en a) soient d'accord sur un autre endroit pour les garder (445).

Si lors de la saisie d'autres papiers sont trouvés, l'huissier devra les sceller (446).

Il ne pourra saisir :

1° les objets que la loi déclare immeubles par destination ;

2° les lits et literies nécessaires aux saisis, ou à leurs enfants habitant avec eux, ni les habits dont ils sont habillés et couverts ;

3° l'équipement de militaires, selon leur service et degré ;

4° les outils d'ouvriers et de travailleurs ;

5° la provision d'aliments et de breuvages, se trouvant dans la maison, servant à l'alimentation de la famille pendant un mois (447) ;

6° les gages du capitaine et de l'équipage (article 21 *c* de la loi du 7 mai 1856, B. L. N° 32) ;

7° les droits d'auteur (article 9 *c* de la loi du 28 juin 1881, B. L. N° 124).

Aucune saisie ne peut encore avoir lieu :

1° des livres se rapportant à la profession du saisi, jusqu'à la somme de deux cents florins, à son choix ;

2° des machines et outils, servant à quelque enseignement, ou exercice d'arts et de sciences, à concurrence de la même somme et à son choix ;

3° enfin, d'une vache, de deux porcs, ou de deux chèvres, ou de quatre moutons, au choix du saisi avec la paille et la nourriture nécessaires à ce bétail pendant un mois.

Toutefois les objets cités dans cet article pourront être saisis :

1° pour vivres, fournis à la personne contre laquelle la saisie est faite ;

2° pour deniers dus à des personnes, qui ont fabriqué, réparé ou vendu ces objets-là ;

3° pour loyers d'immeubles, dans lesquels les choses mentionnées se trouvent (448).

Le procès-verbal contiendra l'indication du jour et de l'heure, où les objets saisis seront vendus.

Si cette indication ne peut pas avoir lieu immédiatement, l'huissier la fera par acte signifié au plus tard dans les trois fois vingt quatre heures après que le dit procès-verbal a été dressé (449).

L'huissier désignera un gardien convenable.

Ne pourront être constitués gardiens des objets, le saisissant ou son époux, ses parents et alliés, jusqu'au sixième degré inclus, ni ses gens de service, mais pourront être désignés au contraire comme gardiens, du consentement du saisissant, le mari, son épouse, ses parents ou alliés et colocataires, lorsqu'ils y consentent (450).

Si des animaux ou des outils pour l'agriculture, ou des fruits dans les champs, qui sont déjà séparés du sol, ont été saisis, le juge de paix peut désigner, à la requête de l'exécutant et après interrogatoire ou citation préalable de l'exécuté, une personne apte, afin de prendre soin de la culture ou de la récolte (451).

Le procès-verbal sera dressé immédiatement ; il sera signé sur l'original et sur la copie par le gardien. Si celui-ci ne peut signer, il en sera fait mention. Une copie du procès-verbal lui sera laissée (452).

Une copie du procès-verbal de saisie sera notifiée au saisi ou à son domicile (453).

Le gardien ne peut pas employer, louer ou prêter les biens saisis, sous peine de perdre son salaire de gardien et de dommages et intérêts, au paiement desquels il peut être forcé par prise de corps (454).

Si les biens saisis ont produit quelques avantages ou revenus, il est obligé d'en rendre compte de la manière qu'il est exprimé à l'article précédent (455).

Celui qui prétend être propriétaire des biens saisis, peut s'opposer à la vente par une citation motivée, notifiée au saisissant, au saisi et au gardien : le tout sous peine de nullité.

Le tribunal de l'arrondissement, dans lequel la saisie a été faite, prononcera sommairement.

Le demandeur, qui perd le procès, sera condamné à la restitution de dommages et intérêts au saisissant, s'il y a lieu (456).

La vente des biens saisis ne pourra avoir lieu avant huit jours et doit se faire dans les quinze jours de la saisie, dans les deux cas sous peine de restitution de frais, dommages et intérêts.

Ce terme peut être raccourci ou prolongé du consentement mutuel des parties et des opposants, s'il y en a, ou aussi par un ordre du juge (462).

La vente sera tenue en public au lieu même de la saisie, à moins que les parties et les opposants n'en conviennent autrement entre eux, ou que le tribunal assigne un autre endroit mieux approprié, à la requête des opposants ou des parties et lorsque les circonstances l'exigent (463).

Dans les communes où la vente aura lieu, seront affichés, à l'endroit à ce destiné, des billets, contenant l'indication du lieu, du jour et de l'heure de la vente, ainsi que de la nature des objets, mais sans description détaillée.

Pareille affiche sera apposée en outre à la maison du saisi (464).

L'affichage doit avoir lieu après la clôture du procès-verbal, et au moins quatre jours avant la vente, à moins que ce terme n'ait été abrégé par le tribunal (465).

La vente sera annoncée en outre dans un journal de la localité, où la vente aura lieu, et, à son défaut, dans celui d'une place voisine.

Cette publication n'est pas requise, si le montant des biens saisis est au-dessous de quatre cents florins.

La vente sera publiée dans la commune, où elle doit avoir lieu, selon l'usage pour les ventes volontaires (466).

A cette fin le débiteur saisi peut régler l'ordre dans lequel les biens seront vendus (470).

S'il se trouve parmi les biens saisis des créances établies par des titres ou documents, il peut être procédé à leur vente.

Les huissiers sont responsables du prix d'achat, et doivent annoter dans leurs procès-verbaux les noms et domiciles des acheteurs.

Ils sont obligés de même de transporter le prix d'achat au greffe, à moins que les parties ne conviennent d'un autre endroit.

Il ne leur est pas permis d'énoncer dans les conditions de la vente que les acheteurs doivent payer un certain montant au-dessus du prix d'achat, à titre de frais ou autrement.

SECTION II. *De la saisie exécutoire chez des tiers.*

La saisie des créances, que le débiteur saisi pourrait avoir à exiger de tierces personnes, ou de biens propres, qui pourraient se trouver entre leurs mains, doit contenir, outre les qualités ordinaires d'exploits, l'élection d'un domicile dans la commune, dans laquelle ce tiers demeure.

Une copie de l'exploit sera donnée au tiers saisi, avec copie du jugement (475).

Les formalités de dénonciation, contre-dénonciation, ainsi que le droit d'opposition sont identiques à celles du droit belge et français.

Les art. 480 à 490 règlent la distribution des deniers provenant de la vente après exécution forcée.

Le Titre III traite de l'expropriation d'immeubles (art. 490 à 543).

Sont soumis à ces règles :

1° les biens immeubles, qui sont dans le commerce, avec ce qui y appartient, pour autant que cela puisse être considéré comme bien immeuble ;

2° l'usufruit de ces biens et de ce qui y appartient ;

3° les droits de bâtir sur le terrain d'autrui et d'emphythéose ;

4° les rentes foncières, dues soit en argent, soit en nature ;

5° le droit des dîmes ;

6° le droit emphytéotique spécial (recht van beklemming), que l'on rencontre dans la province de Groningue et qui est régi par des règles spéciales (491).

§ XVI. Des Preuves.

Code civil. — Le liv. IV du code civil néerlandais traite de la preuve et de la prescription. Il correspond au droit français, et nous aurons à renvoyer pour tout développement systématique, au fasc. Belgique (p. 79 et suiv.)

Pour la facilité nous dressons la concordance suivante entre les art. du Code néerlandais et ceux du Code civil napoléon.

Le livre IV. C. néerl. correspond au Liv. III, tit. III, ch. VI C. nap.

Titre I. *De la preuve en général.*

Il y a concordance entre les art. 1902 c. néerl. et 1315 c. nap. ; 1903 et 1316.

Titre II. *De la preuve écrite.*

1905 et 1317 ; 1906 et 1318 ; 1907 et 1319 al. 1 ; 1908 et 1320 ; 1909 et 1319 al. 2 ; 1910 et 1321.

L'art. 1911 donne une définition par énonciation de l'acte sous seing privé, que ne contient pas le c. nap. Il porte : Valent comme écrits sous seing privé, les actes privés signés par les parties, les lettres, registres, papiers domestiques et autres écrits rédigés sans l'intervention d'un fonctionnaire public.

Concordance entre 1912 et 1322 ; 1913 et 1323 ; 1914 et 1324 ; 1915 et 1326 ; 1916 et 1327.

La loi néerlandaise ne mentionne pas l'obligation des doubles pour les conventions synallagmatiques (c. nap. 1325) et ajoute à l'énumération des cas où les tiers sont liés par la date, la date où le tiers aurait reconnu par écrit l'existence de l'acte sous seing privé. (Cod. nap. 1328.)

1918 et 1331 ; 1919 et 1329, 1330 ; 1920 et 1332 ; 1921 et 2263. Les art. 1922, 1923 organisent le droit de chacun de faire déposer chez un tiers, les titres qui énoncent des droits qu'il a en commun avec d'autres personnes.

1924 et 1333 ; 1925 et 1334 ; 1926 et 1335, avec cette différence que le c. néerl. supprime la distinction des copies *anciennes* et des copies ayant moins de 30 ans (1335 sub. 2ᵉ al. 2 et 3) et admet éventuellement comme commencement de preuve par écrit, les copies *authentiques* d'actes authentiques ou sous seing privé (art. 1926 sub. 4° remplaçant le 4° de l'art. 1385 c. nap.)

L'art. 1927, traitant de la transcription des actes sur les registres publics, les admet en tout état de cause comme commencement de preuve par écrit, ce qui abroge les 3 al. de l'art. 1336 c. nap,

Contrairement à l'art. 1337 c. nap., l'art. 1928 c. néerl. dispose que l'acte recognitif dispense de la production de l'original, pourvu qu'il en relate suffisamment la teneur.

1929 et 1338 ; 1930 et 1339 ; 1931 et 1340.

Titre III. *De la preuve testimoniale.*

L'art. 1932 c. néerl. pose le principe que la preuve testimoniale est admise en toute matière d'où elle n'est pas formellement exclue par la loi ; l'art. 1933 exclut ainsi les obligations ou décharges dépassant 300 florins.

Concordances : 1934, 1935 et 1341 ; 1936 et 1342 ; 1937 et 1343 ; 1938 et 1344 ; 1939 et 1347 ; 1940 et 1348.

Le C. civ. néerl. ne contient aucune disposition correspondante aux art. 1345 et 1346 c. nap. ; par contre il pose des règles détaillées concernant les témoignages.

La déclaration d'un seul témoin, sans autre moyen de preuve, ne mérite pas de foi en droit (1942).

Si les témoignages considérés isolément de plusieurs personnes, concernant plusieurs faits, tendent par leur cohérence et leur rapport à prouver un fait déterminé, il est abandonné à l'appréciation du juge d'attribuer à ces témoignages séparés la valeur que les circonstances exigent (1943).

Chaque témoignage doit être appuyé du motif de connaissance des faits.

Les opinions et suppositions nées du raisonnement, ne sont pas des témoignages (1944).

Dans l'appréciation de la valeur du témoignage, le juge doit fixer son attention spécialement sur l'accord mutuel des témoins, sur l'harmonie des témoignages avec ce qui est connu d'autre part concernant l'affaire dans le procès, sur les motifs que les témoins peuvent avoir eus de représenter l'affaire d'une manière ou d'une autre, sur la façon de vivre, les mœurs et l'état des témoins, et, en général, sur tout ce qui pourrait avoir de l'influence sur leur crédibilité plus ou moins grande (1945).

Toutes les personnes capables d'être témoins, sont obligées de déposer en justice.

Toutefois peuvent s'excuser de porter témoignage :

1° les parents ou alliés de l'une des parties dans la ligne latérale du second degré ;

2° ceux qui sont apparentés au conjoint de l'une des parties dans la ligne directe sans restriction, et dans la ligne latérale au second degré ;

3° tous ceux qui, à cause de leur état, profession ou emploi légal, sont obligés au secret, mais seulement et exclusivement concernant ce dont la connaissance leur a été confiée comme tels (1946).

Sont considérés comme incapables d'être témoins, et ne peuvent pas être entendus, les parents et alliés de l'une des parties dans la ligne directe, et le conjoint, même après divorce (1947).

Les témoins doivent jurer ou promettre, selon le rite de leur culte, qu'ils diront la vérité (1948).

Ceux qui n'ont pas accompli l'âge de quinze ans, ainsi que ceux qui sont interdits à cause d'imbécilité, d'aliénation mentale, ou se trouvent incarcérés provisoirement pendant le procès par ordre du juge, ne peuvent pas être admis comme témoins.

Il est pourtant loisible au juge d'entendre les mineurs, ou

interdits, qui possèdent par intervalles la jouissance de leurs facultés intellectuelles, sans prestation de serment, mais leurs déclarations ne seront considérées que comme des informations. Le juge ne pourra donc pas ajouter foi à ce que ces personnes incapables déclarent avoir entendu, vu, subi ou à quoi ils déclarent avoir été présents, mais user seulement de leurs déclarations pour arriver sur la trace de faits, qui peuvent être prouvés ultérieurement par les moyens ordinaires (1949).

Peuvent être récusés comme témoins :

1° celui qui est le parent ou l'allié de l'une des parties dans la ligne latérale, jusques et y compris le quatrième degré ;

2° l'allié du conjoint de l'une des parties, en ligne directe sans restriction, et en ligne latérale jusques et y compris le quatrième degré ;

3° l'héritier présomptif, le donataire, les domestiques ou serviteurs de l'une des parties, et celui qui a un intérêt direct ou indirect dans le procès ;

4° celui qui a été condamné pour parjure ou pour un des délits, auxquels est applicable en cas de récidive, l'article 421 du code pénal (1950 ; article 14 de la loi du 26 août 1884 B. des L. N° 93).

Toutefois les parents et alliés, ainsi que les domestiques ne seront comme tels ni incapables, ni récusables dans des procès se rapportant à l'état des parties (1951).

Titre IV. *Des Présomptions.*

Il y a concordance entre :

1952 c. néerl. et 1349 c. nap. ; 1963 et 1350 ; 1954 et 1351 ; 1958 et 1352 ; 1959 et 1353.

L'art. 1955 c. néerl. porte que la condamnation répressive passée en force de chose jugée, sera en matière civile une présomption légale de l'accomplissement de l'acte réprimé. Mais l'acquittement ne ferait pas obstacle devant le juge civil à l'examen d'une demande en dommages intérêts (1956). L'art. 1957 établit que les jugements en matière d'état, rendus contre un défendeur dûment qualifié, auront force de chose jugée contre toute personne.

Titre V. *De l'aveu.*

Il y a concordance entre :

1960 c. néerl. et 1354 c. nap. ; 1962, 1963 et 1356 ; 1964 et 1355.

L'art. 1961, après avoir posé le principe de l'indivisibilité de l'aveu, autorise cependant le juge à diviser, si le défendeur a invoqué des faits dont la fausseté est démontrée. Cette disposition est commune à l'aveu judiciaire et à l'aveu extrajudiciaire.

Titre VI. *Du serment.*

Il y a concordance entre :

1966 c. néerl. et 1357 c. nap. ; 1967, 1968 et 1358, 1359, 1360 ; 1969 et 1361 ; 1970 et 1362 ; 1972 et 1364 ; 1973 et 1363 ; 1974, 1375, 1376 et 1365 ; 1977 et 1366 ; 1978 et 1367 ; 1979 et 1369 ; 1980 et 1368.

L'art. 1971 c. néerl. dispose que le serment ne peut être déféré, référé ou accepté que par la partie ou un mandataire spécial ; les art. 1981, 1982, qu'il doit être prêté en personne devant le tribunal ou un juge délégué, la partie adverse étant présente ou dûment appelée.

§ XVII. — Vices des contrats.

Cette matière est traitée à la sect. VIII du Liv. III, tit. IV c. néerl. Voyez aussi Belgique, p. 87 ss. ; France p. 69.

Il y a concordance entre :

1482 c. néerl. et 1304, 1305 c. nap. ; 1483 et 1309, 1310 ; 1484 et 1314 ; 1485 et 1117 ; 1486 et 1118, 1313 ; 1487 et 1312 ; 1488 et 1117 ; 1490 et 1304 ; 1492 et 1311.

L'art. 1489 porte que dans les cas de l'art. 1482 (contrat avec des incapables) et de l'art. 1485 (violence, dol, erreur), le défendeur succombant pourra en outre être condamné à des dommages intérêts.

§ XVIII. - Privilèges et hypothèques.

Cette matière est traitée aux titres XVIII, XX du Liv. II Code civil néerlandais. (Cf. surtout le fasc. France, p. 70 ss.)

Titre XVIII. *Des créances privilégiées.*

Concordances des articles :

1177 c. néerl. et 2092 c. nap. ; 1178 et 2093.

A l'énumération des sources de privilège, l'art. 1179 ajoute le gage (cf. 2094 c. nap.)

1180 et 2095 ; 1181 et 2096 ; 1182 et 2097 ; 1184 et 2099, 2100.

L'art. 1183 établit par une loi spéciale le rang du fisc et des impôts communaux et autres.

L'art. 1185 fixant les privilèges spéciaux, établit un ordre un peu différent : 1° les frais de justice provenant de l'acquisition d'un bien meuble ou immeuble, sur ledit bien ; 2° le loyer des immeubles et toutes créances résultant du contrat de bail ; 3° le prix impayé des meubles sans distinction de possession actuelle ; 4° les frais d'entretien ; 5° les salaires dus à l'ouvrier qui a produit ou réparé la chose ; 6° la créance de l'aubergiste ; 7° les frais de voiturage ; 8° les créances des maçons, etc. pendant 3 années, et à condition que la propriété de l'immeuble n'ait pas été aliénée ; 9° les créances d'abus et prévarications.

1186, 1187, 1188, 1189 et 2102 sub. 1° ; 1190, 1191, 1192 et 2102 sub. 4°.

Comme privilèges généraux sur tous les meubles et les immeubles l'art. 1195 établit l'ordre qui suit : 1° les frais de justice provenant de l'acquisition du droit et de la liquidation du patrimoine ; 2° les frais funéraires ; 3° les frais de dernière maladie ; 4° les salaires ; 5° les fournitures de subsistances ; 6° les frais d'écolage pour l'année ; 7° les créances des pupilles contre leur tuteur ou curateur.

Titre XX. *Des hypothèques.*

Concordance des articles :

1208, 1209 c. néerl. et 2114 c. nap.

Sont susceptibles d'hypothèque selon le Code néerl. :

1° les immeubles qui sont dans le commerce ; 2° les droits d'usufruit ; 3° les droits de superficie ; 4° les rentes foncières ; 5° les dîmes ; 6° le droit d'emphytéose.

1211 et 2133 ; 1213 et 2119 ; 1214 et 2124 ; 1215 et 2125 ; 1215 et 2126 ; 1217 et 2127.

En ce qui concerne les hypothèques consenties en pays étranger sur des biens situés dans le royaume, l'art. 1218 établit qu'elles n'auront aucune valeur, à moins qu'un traité international n'ait autrement disposé. (V. contra art. 2128 c. nap.)

1219 et 2129 ; 1220 et 2130 ; 1221 et 2132 ; 1222 et 2122, 2131 ; 1223 et 2088.

La sect. 2 de ce titre (1224 à 1238) règle l'inscription des hypothèques, la sect. 3 (1239 à 1241) leur radiation ; la sect. 4 (1242 à 1252), le droit de suite en faveur du créancier ; la sect. 5 traite de l'extinction, la sect. 6 des registres hypothécaires, de leur publicité et de la responsabilité des conservateurs.

§ XIX. Des Sources du droit.

1. **Droit civil.** — La nécessité d'une loi positive est également le principe du droit néerlandais. (v. *Belgique*, p. 95).

Une revision générale du droit néerlandais a eu lieu en 1838. La loi du 16 mai 1829 portait à l'avance abrogation totale du Code Napoléon, à partir du jour où le nouveau Code civil deviendrait obligatoire.

Les modifications postérieures les plus importantes ont été signalées au cours de ce travail. Elles se trouvent dans les lois suivantes :

du 31 mai 1843, revisant les art. 1112 à 1131 du C. civ. (de la séparation de patrimoines et de ses conséquences) ;

du 9 juillet 1855, portant des exceptions aux art. 523, 526 et 549 du C. civ. (déclaration d'absence ; les délais étant ramenés à 3 années en cas de sinistre maritime) ;

du 7 avril 1869 et du 26 avril 1884, abrogeant les art. 884 et 957 (participation des étrangers aux successions de néerlandais) ;

du 4 juillet 1874, revisant les art. 480 à 485 du C. civ. (main levée) ;

du 8 juillet 1874, revisant les art. 1197 à 1202 du C. civ. (droit de gage) ;

du 5 juin 1878, complétant l'art. 1240 du C. civ. (radiation des inscriptions hypothécaires).

2. **La procédure civile** a été revisée et codifiée en 1838. La même loi du 16 mai 1829 abrogea le régime antérieur.

La législation postérieure est assez touffue : Loi du 31 mai 1843 (les art. 695, 696, 698) ; du 7 avril 1869 (l'art. 10) ; du 26 avril 1876 (les art. 358 et 360) ; du 26 juin 1876 (les art. 406, 407, 415 à 419, 425, 427) ; du 30 mai 1877 (les art. 301, 477, 567, 505) ; du 23 avril 1879 (les art. 21, 56, 57, 615) ; du 26 avril 1884 (les art. 22, 27, 30, 63, 91, 593, 710) ; du 23 décembre 1886 (les art. 79, 81, 82, 88, 876, 880) ; du 7 juillet 1896 (l'art. 4).

3. **Le Code de Commerce** appartient également à ce qu'on appelle la législation de 1838. Une loi du 4 juillet 1874 modifie les art. 79 à 85 sur la responsabilité des courtiers ; celle du 1 juin 1875 concerne les assurances sur la vie et l'art. 302 du C. de Commerce ; celle du 26 avril 1884 concernant le droit maritime et les art. 398, 440, 893 du C. de Commerce.

La matière des faillites fait l'objet d'une loi importante promulguée le 30 septembre 1893 en 240 articles, et qui abroge tout le 3me livre du C. de Commerce.

Une loi du 20 janvier 1896 a réglé les diverses difficultés que la loi de 1893 rencontrait dans les cas de conflit avec d'autres textes.

4. **Droit pénal.** La dernière refonte du droit pénal date de la loi du 3 mars 1881 ; une loi du 15 avril 1886 en règle l'introduction et fixe le régime intermédiaire ; la loi du 31 décembre 1887 met en harmonie avec le nouveau Code pénal, diverses dispositions du Code de procédure pénale et du Code civil, la loi du 14 avril 1886 détermine le régime pénitentiaire.

La même loi du 16 mai 1829 abroge le Code d'Instruction criminelle antérieur. Une nouvelle codification du Code de procédure pénale a été faite au vœu de la loi du 15 janvier 1886, et ensuite des modifications nombreuses que l'introduction du Code pénal nouveau devait nécessiter.

La loi du 23 juin 1889 complète l'art. 24 du Code de procédure pénale.

5. Un tarif civil était annexé au nouveau Code de procédure civile.

Deux lois du 18 avril fixent le tarif criminel, l'une pour les affaires qui sont de la compétence des tribunaux ordinaires, l'autre pour celles qui ressortissent des juges militaires.

La loi organique du notariat date du 9 juillet 1842 ; une loi du 31 mars 1847 porte un tarif légal pour leurs frais et honoraires.

La loi du timbre du 3 octobre 1843, a été successivement complétée par les lois des 24 et 31 décembre 1856, 7 juillet 1867, 9 avril 1869, 4 juillet 1874, 11 juillet 1882, 31 décembre 1885.

La constitution néerlandaise a été promulguée dans sa forme actuelle, le 30 novembre 1887.

PREMIÈRE PARTIE

DU

DICTIONNAIRE PRATIQUE DE DROIT COMPARÉ

FASCICULES PARUS :

I. — Belgique et Luxembourg.
II. — France et Monaco.
III. — Angleterre.
IV-VII. — Roumanie.
VIII. — Pays-Bas.

DEUXIÈME SÉRIE.

—

SOUS PRESSE :

La Syrie.

Avis. — Une table détaillée établira par ordre alphabétique la concordance des matières pour chaque partie.

Extrait du Catalogue de la Société belge de Librairie,

Oscar Schepens et Cie, Éditeurs,

16, Rue Treurenberg, Bruxelles.

AXTERS (H.). — *Commentaire de la Loi organique de l'Instruction primaire* et des lois et arrêtés relatifs aux pensions des instituteurs. 1 vol. gr. in-8° de XXII-550 pages. 5 fr.

CARLIER (A.). — *La Belgique dentellière.* 1 vol. gr. in-8° de 120 pages et 15 planches hors texte. 5 fr.

Congrès international des Accidents du travail et des Assurances sociales tenu à Bruxelles du 26 au 31 Juillet 1897. Rapports, procès-verbaux des séances et communications présentées au Congrès. 1 vol. gr. in-8° de XLV-998 pages. 10 fr.

Congrès international du Repos du Dimanche tenu à Bruxelles les 7, 8 et 9 juillet 1897 sous la présidence d'honneur de M. Albert Nyssens, Ministre de l'Industrie et du Travail. Rapports et compte rendu analytique. 1 vol. gr. in-8° de XLIV-592 pages. 6 fr.

MAUS (Is.). — *Les Criminels dans l'Art et la Littérature.* (Extrait du *Spectateur catholique.*) In-8° de 20 pages. 0.50

PYFFEROEN (O.). — *Rapport sur l'Enseignement professionnel en Allemagne.* 1 vol. in-8° de XII-354 pages. 2 fr. 50

Rapport sur la situation de l'Enseignement industriel et professionnel en Belgique, présenté aux Chambres législatives par M. le Ministre de l'Industrie et du Travail. 1884-1896. 1 vol. gr. in-8° de XXXVI-480 pages. Broché 3 fr. 75
Relié 5 fr.

Rapport annuel de l'Inspection du Travail, 1896. 1 vol. gr. in-8° de 450 pages. Broché 7 fr.
Relié 8 fr. 50

ROZENRAAD (C.). — *A Lucta commercial das Naçoês.* Traducçâo do inglez de M. P. da Motta e Silva, addido à Legaçâo de Portugal em Bruxellas. Gr. in-8° de 104 pages. 2 fr. 50

Travail du Dimanche. Belgique: Établissements industriels. T. Ier, II et III. Mines, minières et carrières. Chaque vol. in-8° d'environ 500 pages. Broché 4 fr.
Relié 5 fr.

— — *Pays étrangers* (Allemagne, Autriche, Suisse, Angleterre) T. V. 1 vol. in-8° de 344 pages. Broché 2 fr. 50
Relié 3 fr.

Travail de Nuit des ouvrières de l'Industrie dans les Pays étrangers (France, Suisse, Grande-Bretagne, Autriche, Allemagne). Rapport présenté à M. le Ministre de l'Industrie et du Travail par M. Ansiaux. 1 vol. in-8° de 270 pages. 2 fr.

VAN ORTROY (Cap.-Ct F.). — *Conventions Internationales* définissant les limites actuelles des Possessions, Protectorats et Sphères d'influence en Afrique, publiées d'après les textes authentiques. 1 vol. in-8° de XX-520 pages et une carte en couleurs de l'Afrique. 12 fr.

MARK

IXe FASCICULE

DICTIONNAIRE PRATIQUE

DE

DROIT COMPARÉ

PREMIÈRE PARTIE

Législations Européennes

PAR

Hector LAMBRECHTS

DOCTEUR EN DROIT, CHEF DE BUREAU FF. AU MINISTÈRE DE L'INDUSTRIE ET DU TRAVAIL DE BELGIQUE

avec le concours de MM.

Démètre Alexandresco, Ancien Secrétaire Général au Ministère de la Justice, professeur à la Faculté de droit de Jassy (Roumanie).

Arsène Laurent, docteur en droit, professeur à la Faculté catholique de Paris (France).

Chevalier **O. Q. van Swinderen**, docteur en droit, juge au tribunal de 1re Instance à Groningue (Pays-Bas).

Hector de Rolland, docteur en droit, avocat général près le Tribunal Supérieur de Monaco (Principauté).

(*Voir suite au verso.*)

BRUXELLES

SOCIÉTÉ BELGE DE LIBRAIRIE

Oscar SCHEPENS et Cie, Éditeurs,

16, Rue Treurenberg, 16.

LA HAYE

BELINFANTE FRÈRES, Éditeurs

Wagenstraat, 100-102.

BERLIN

PUTTKAMMER et MUHLBRECHT

64, Unter den Linden.

PARIS

CHEVALIER-MARESCQ & Cie, Éditeurs

Rue Soufflot, 20.

Edoardo Cabella, avocat à Gênes (Italie).

Dr **Arthur Freund**, avocat près la Cour d'appel à Vienne (Autriche).

Auguste Liger, avocat à Luxembourg (Grand-Duché).

John Mac Mahon, avocat à Londres.

E. Richter, Justizrath Coblenz (Pr. Rhénane).

Dr **H. Koch**, Regierungs Assessor à Posen (Prusse).

E. R. Salem, avocat à Salonique (Turquie).

Mario Piuheiro Chagao, avocat à Lisbonne (Portugal).

Etienne de Sobilewski, avocat à Varsovie (Pologne Russe).

A. Hindenburg, avocat près la Cour Suprême à Copenhague (Danemark).

S. Daneff, docteur en droit à Soffa (Bulgarie).

V. Vellicovics, Secrétaire Général au Ministère des Finances à Belgrade (Serbie).

Georges Callispérès, professeur à l'université à Athènes (Grèce).

DANEMARK

DANEMARK IXe FASCICULE

DICTIONNAIRE PRATIQUE

DE

DROIT COMPARÉ

PREMIÈRE PARTIE

Législations Européennes

PAR

Hector LAMBRECHTS

DOCTEUR EN DROIT, CHEF DE BUREAU FF. AU MINISTÈRE DE L'INDUSTRIE ET DU TRAVAIL DE BELGIQUE

avec le concours de MM.

Démètre Alexandresco, Ancien Secrétaire Général au Ministère de la Justice, professeur à la Faculté de droit de Jassy (Roumanie).

Arsène Laurent, docteur en droit, professeur à la Faculté catholique de Paris (France).

Chevalier **O. Q. van Swinderen**, docteur en droit, juge au tribunal de 1re Instance à Groningue (Pays-Bas).

Hector de Rolland, docteur en droit, avocat général près le Tribunal Supérieur de Monaco (Principauté).

(*Voir suite au verso.*)

BRUXELLES

SOCIÉTÉ BELGE DE LIBRAIRIE

Oscar SCHEPENS et Cie, Éditeurs,

16, Rue Treurenberg, 16.

LA HAYE

BELINFANTE FRÈRES, Éditeurs

Wagenstraat, 100-102.

BERLIN

PUTTKAMMER ET MUHLBRECHT

64, Unter den Linden.

PARIS

CHEVALIER-MARESCQ & Cie, Éditeurs

Rue Soufflot, 20.

Edoardo Cabella, avocat à Gênes (Italie).

Dr **Arthur Freund**, avocat près la Cour d'appel à Vienne (Autriche).

Auguste Liger, avocat à Luxembourg (Grand-Duché).

John Mac Mahon, avocat à Londres.

E. Richter, Justizrath Coblenz (Pr. Rhénane).

Dr **H. Koch**, Regierungs Assessor à Posen (Prusse).

E. R. Salem, avocat à Salonique (Turquie).

Mario Piuheiro Chagao, avocat à Lisbonne (Portugal).

Etienne de Sobilewski, avocat à Varsovie (Pologne Russe).

A. Hindenburg, avocat près la Cour Suprême à Copenhague (Danemark).

S. Daneff, docteur en droit à Soffa (Bulgarie).

V. Vellicovics, Secrétaire Général au Ministère des Finances à Belgrade (Serbie).

Georges Callispérès, professeur à l'université à Athènes (Grèce).

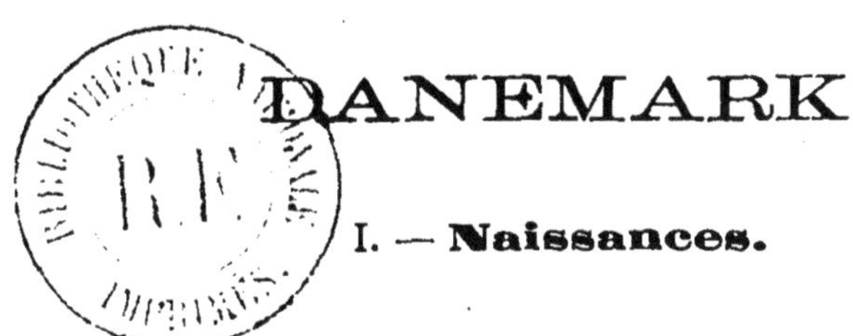

DANEMARK

I. — Naissances.

Un enfant est légitime, s'il est né de parents unis par le mariage (Code 5-2-32). Il est légitime aussi lorsqu'il est né avant le mariage de ses parents.

Si l'enfant est né pendant le mariage, on applique la règle : *pater est quem nuptiæ demonstrant*. Le désaveu du mari est admissible seulement si celui-ci peut prouver qu'il est impossible qu'il soit le père de l'enfant.

La naissance d'un enfant doit être déclarée, dans les villes, avant deux jours, à la campagne, avant huit jours, au curé luthérien de la paroisse. Pour l'enfant légitime, c'est le père qui a le devoir de faire cette déclaration ; si l'enfant est naturel, la déclaration doit être faite par la mère ou par ceux chez qui elle accouche. (Ordonn. du 30 mai 1828.)

La mère de l'enfant naturel déclare qui en est le père. En ce cas, il suffit que cette personne ait eu des relations intimes avec la mère de l'enfant à une époque telle, qu'il puisse être le père de l'enfant, pour qu'il soit condamné à payer une pension pour les frais de l'entretien et de l'éducation de l'enfant. Le prétendu père est condamné, s'il n'ose affirmer sa dénégation sous serment.

Cependant, la circonstance qu'il se refuse à jurer ne forme qu'une présomption qu'il soit le père. Cette présomption est suffisante pour rendre l'enfant légitime, si ce père présumé épouse plus tard la mère de l'enfant, ou s'il forme la résolution de le reconnaître plus tard comme le sien.

Mais l'autorité pour diriger l'éducation de l'enfant est à la mère et le prétendu père n'a pas le droit de s'arroger la puissance paternelle en déclarant qu'il veut pourvoir aux besoins de l'enfant. Mais il doit payer la pension alimentaire jusqu'à ce que l'enfant ait atteint l'âge de 18 ans. (Lois 20 avril 1888, § 1, 12 avril 1892, § 1.)

En conséquence, l'enfant naturel hérite seulement de sa mère et de la famille de la mère.

Les certificats du curé font foi en justice. Pour les enfants légitimes, les livres du curé font mention du père et de la mère ; pour les enfants naturels, ils mentionnent la mère et la personne que la mère déclare être le père de l'enfant. S'il est prouvé d'une manière suffisante que les déclarations faites au curé sont contraires à la vérité, une rectification doit avoir lieu. Mais elle ne peut se faire qu'en vertu d'un jugement ou d'une autorisation du ministère.

Les livres du curé sont, en Danemark, les livres de l'état civil. En conséquence, la déclaration de la naissance de l'enfant est obligatoire pour tous, même pour les personnes qui ne professent pas la religion luthérienne.

Quant à la preuve de la filiation, la loi n'établit point de présomption en dehors de la règle, d'après laquelle le mari est censé être père de l'enfant de sa femme. Tout est laissé à la conscience des tribunaux. Mais si l'on ne peut pas dire que la recherche de la paternité soit interdite, puisque le prétendu père est forcé de fournir une pension, il faut remarquer aussi qu'elle est sans intérêt, puisqu'il n'existe pas d'autres rapports entre l'enfant naturel et son père.

En conséquence, l'enfant naturel n'a aucun droit au nom de famille de son père. Ses droits envers le père se bornent à réclamer la pension, qui constitue une dette qui peut être réclamée dans la succession du père. Cependant, si le père laisse des enfants légitimes, le montant de la pension ne pourra excéder l'héritage d'un enfant légitime (Loi 12 avril 1892 § 3).

Les règles, quant à la nationalité danoise, sont régies par une loi du 19 mars 1898 dont voici les principales dispositions :

La nationalité danoise appartient à l'enfant légitime quand

le père est danois. Il est indifférent si la naissance a lieu en Danemark ou à l'étranger.

Les personnes, qui sont nées ici, mais qui n'entrent pas dans la catégorie susdite, acquièrent la nationalité danoise, si elles ont été domiciliées ici depuis leur naissance jusqu'à l'âge de 19 ans. Néanmoins, une exception est faite, lorsqu'elles ont déclaré par écrit à l'administration qu'elles ne veulent pas acquérir la nationalité danoise et prouvent leur nationalité étrangère. Une telle déclaration n'est plus valable si elle est faite par l'enfant d'un étranger, qui a conservé par ce moyen sa nationalité étrangère.

La nationalité acquise par le mari et le père profite à sa femme et à ses enfants légitimes.

La femme étrangère, qui épouse un danois, devient danoise. Si les conjoints ont des enfants ensemble nés avant le mariage, ces enfants deviennent danois, s'ils n'ont pas encore 18 ans.

La nationalité danoise n'est accordée que par une loi votée par les Chambres. La nationalité accordée à un homme passe à sa femme et à ses enfants légitimes mineurs.

La nationalité danoise se perd par la naturalisation à l'étranger.

Si un danois est naturalisé à l'étranger, sa femme et ses enfants légitimes mineurs perdent la nationalité danoise, s'ils quittent le Danemark et sont nationalisés à l'étranger.

Le danois qui désire acquérir une nationalité étrangère, peut être délié de sa citoyenneté danoise par décret du roi.

La danoise qui épouse un étranger, perd sa nationalité.

Le danois, la danoise non mariée et qui a atteint l'âge de 18 ans, la veuve ou femme divorcée qui sont domiciliés à l'étranger pendant 10 ans, perdent leur nationalité danoise, s'ils ne déclarent pas à la légation danoise ou au consul danois, qu'ils entendent conserver la nationalité danoise.

Cette règle pourra être modifiée par des traités.

Le danois qui aura perdu sa nationalité d'après la règle susdite, mais qui n'a pas été nationalisé à l'étranger, redevient danois en se domiciliant en Danemark. Même dans le cas où il ne retourne pas, le Roi ne peut lui accorder la nationalité danoise.

L'enfant naturel dont la mère est danoise, est danois, qu'il soit né en Danemark ou à l'étranger.

Dans les cas où la nationalité de l'enfant légitime suit celle du père, l'enfant naturel suit celle de la mère.

II. — **Etrangers.**

Les étrangers sont admis à jouir de tous les droits civils des citoyens danois sans condition de réciprocité.

L'étranger peut ainsi posséder des biens meubles et immeubles et en disposer librement par acte entre-vifs ou par testament. Il peut ester en justice sans être tenu de donner caution. Une telle caution n'est exigée que s'il veut plaider devant la cour suprême. (Loi 7 décembre 1771, § 31).

L'étranger est soumis aux lois pénales du royaume, et s'il les enfreint en Danemark, il sera jugé et condamné. S'il s'est rendu coupable d'un délit, il pourra en outre être expulsé, s'il n'a pas été domicilié en Danemark pendant 5 ans.

L'étranger peut être expulsé par ordre du ministre de la justice, s'il n'a pas été domicilié en Danemark pendant 2 ans. (Loi 15 mai 1875, § 13.) L'étranger peut se domicilier sans avoir besoin d'aucune autorisation. Il est alors astreint au service militaire, si des traités ne s'y opposent pas. De tels traités sont cependant conclus avec plusieurs Etats, entre autres avec la Belgique. Il est aussi libéré, s'il prouve avoir conservé qualité de sujet d'une puissance étrangère (Loi 6 mars 1869 § 2).

Pour faire le commerce ou exercer un métier, l'étranger doit avoir été domicilié pendant cinq années ; cependant, une dispense est facilement accordée aux étrangers natifs des pays où les danois sont traités, sous ce rapport, comme les nationaux. (Loi 27 décembre 1857, § 2).

Le commis voyageur étranger est soumis à un impôt annuel de 160 couronnes (222 francs environ), s'il représente une maison seulement. Il a alors le droit de vendre aux négociants, aux marchands, aux fabricants et aux ouvriers. Il n'a pas le droit de vendre en détail aux particuliers. L'impôt ci-dessus mentionné est augmenté de moitié, si le commis voyageur représente plusieurs maisons. L'augmentation est due pour chaque maison. (Loi 8 juin 1839, §§ 1, 4.)

L'étranger domicilié en Danemark peut être cité en justice comme s'il était citoyen. S'il n'a qu'une résidence en Danemark, il n'est soumis à la juridiction de ce pays que si la dette qu'il a contractée est payable dans ce pays.

L'étranger qui n'a ni résidence ni domicile en Danemark, ne peut pas en principe être cité devant les tribunaux danois.

Cette règle souffre cependant des exceptions :

1° Si l'étranger possède un immeuble en Danemark ;

2° S'il est demandeur, il peut être cité reconventionnellement.

Il y a enfin une exception importante. Si l'étranger possède des biens en Danemark, son créancier (il est indifférent si ce créancier est danois ou étranger), peut pratiquer une saisie-arrêt entre les mains du détenteur de ces biens et citer ce détenteur en justice comme mandataire légal de l'étranger. Si le tribunal juge la créance bien fondée, il prononcera un jugement qui autorise le créancier à se faire payer par la réalisation des biens saisis. Une telle poursuite n'est pas entravée par la faillite de l'étranger. (Loi 30 novembre 1821.)

L'étranger ne jouit pas des droits politiques. Il ne peut être nommé fonctionnaire public, ni prendre part aux élections.

III. — Capacité civile.

Les personnes au-dessous de 18 ans sont mineures. Leur signature est sans valeur ; le tuteur agit pour eux.

La loi dispose en outre que les capitaux des mineurs doivent être administrés par l'État, par l'organe d'une administration spéciale (Overformynderi). Il s'ensuit que les pouvoirs du tuteur sont assez restreints. Il administre les immeubles du mineur, mais il ne peut les vendre sans le consentement du préfet, et le prix d'achat n'est pas payé au tuteur mais à l'Overformynderi.

Le mineur peut librement disposer de ce qu'il gagne par son travail.

Les personnes âgées de plus de 18 ans mais au-dessous de 25 ans peuvent librement disposer du produit de leur travail personnel. Elles peuvent, en conséquence, entrer en service sans autorisation. Mais toute obligation contractée par elles, et par laquelle elles auront disposé de leur fortune pourra être déclarée nulle, si un curateur ne les a pas assistées et donné son consentement.

Pour faire un testament, le consentement d'un tuteur n'est pas nécessaire.

On devient majeur à 25 ans. La femme mariée est mineure ou majeure selon les règles exposées ci-dessus. Si la femme n'a pas 25 ans, le mari peut être nommé tuteur ou curateur.

La veuve ou la femme séparée ou divorcée est majeure quel que soit son âge.

L'absence soit de 5, de 10 ou de 20 ans doit être déclarée par un jugement du tribunal du dernier domicile de l'absent.

Le tiers qui a contracté avec un mineur, un interdit, sera lié par le contrat, s'il est ratifié par le tuteur ou le curateur ; mais ceux-ci peuvent refuser la satisfaction et le faire annuler.

Les personnes en dessous de 18 ans sont mineures. Leur signature est sans valeur ; le tuteur agit pour eux. Elles ne peuvent disposer ni de leur fortune, ni de leurs personnes. Cependant, si elles sont entrées en service, elles peuvent librement disposer de ce qu'elles gagnent par leur travail.

Le père du mineur a le droit d'être reconnu tuteur ; à son défaut, le frère aîné majeur, ensuite les autres parents dans un ordre prescrit par la loi (Code 3-17-2). La tutelle est un devoir aussi bien qu'un droit. Aussi les personnes désignées ne peuvent se refuser que si leurs excuses sont jugées acceptables par le magistrat compétent. A leur défaut, le tribunal ou le magistrat nomme un tuteur.

Les curateurs sont en règle générale nommés d'une manière analogue ; cependant pour eux l'ordre prescrit par la loi pour la tutelle n'est pas de rigueur.

On devient majeur à 25 ans. La femme peut obliger le mari et la communauté en engageant des servantes et en contractant les obligations qui sont reconnues indispensables par les tribunaux. Cette règle devient importante en cas d'empêchement du mari.

Si la femme exerce une industrie indépendamment du mari, elle peut librement et sans le consentement du mari disposer des produits d'une telle industrie. (Loi 7 mai 1889).

La femme peut se marier à 16 ans, l'homme à 18 ans. Le mariage n'a aucune influence sur la capacité des conjoints.

Le conseil de famille et l'autorisation maritale sont inconnus. Cependant il va de soi que le mari peut donner une procuration à la femme, mais en de tels cas on suit les règles du mandat ; le mari est obligé, la femme ne l'est pas.

Si une personne est absente sans avoir nommé un mandataire, ses biens sont administrés par son épouse avec l'assistance d'un tuteur. Si l'absent n'a pas de femme, un tuteur est nommé pour administrer ses biens et pourvoir à leur réalisation. Le produit est payé à l'Overfermynderi. Après 5 années d'absence, les enfants sont admis à l'usufruit de la fortune de l'absent ; s'il n'a pas laissé d'enfants, l'usufruit est accordé aux héritiers présomptifs, mais seulement après 10 années d'absence. Après 20 années d'absence, l'absent est réputé mort et sa fortune est partagée entre ses héritiers. (Loi 11 septembre 1839, § 5, 7 8, 12.)

L'absence, soit de 5, de 10 ou de 20 ans doit être déclarée par un jugement du tribunal du dernier domicile de l'absent.

L'imbécile, l'aliéné, le prodigue peuvent être interdits et mis sous tutelle. L'interdit est assimilé au mineur, sa signature est nulle, son tuteur agit pour lui.

Tandis que c'est la règle générale, que la personne majeure ne peut pas renoncer à sa capacité, on fait une exception pour les veuves. Il leur est loisible de se faire nommer un tuteur, qui doit signer avec elles. La position de la veuve est dans de tels cas semblable à celle des personnes entre 18 et 25 ans, qui peuvent contracter seulement avec l'assistance de leur curateur. (Ib. 3-17-41).

L'interdiction est prononcée par le tribunal du lieu, si c'est en dehors de la capitale, à Copenhague par l'administration.

Le tiers qui aura contracté avec un mineur, un interdit, sera lié par le contrat, s'il est ratifié par le tuteur ou le curateur, mais ceux-ci peuvent refuser leur consentement et le faire annuler.

IV. — **Corporations (Personnes civiles).**

Dans la doctrine, la qualité de personne morale ou juridique est réservée aux êtres immatériels auxquels la loi reconnaît une existence juridique, en dehors de chacun de ses membres. Il s'ensuit qu'on se refuse à reconnaître l'existence d'une personne juridique, si on peut s'expliquer les phénomènes en les rapportant à des personnes physiques existantes. Partant de ce principe, on ne veut pas admettre que la société anonyme soit une personne juridique. Celle-ci ne peut être créée que par la loi.

Suivant la doctrine, on doit reconnaître comme personnes juridiques l'Etat, les communes, les établissements publics, qui ont une fortune et une administration contrôlées par l'Etat, etc.

Dans la pratique, la définition susmentionnée n'a pas beaucoup d'importance. Quant aux sociétés anonymes par actions, la doctrine admet qu'il est parfaitement licite de s'obliger de manière à n'engager qu'une partie déterminée de sa fortune, pourvu que les tiers ne soient pas induits en erreur. Mais toute personne qui contracte avec une société anonyme doit comprendre que les actionnaires n'ont pas l'intention de s'obliger personnellement, et qu'elle n'a que le fonds social pour débiteur. La doctrine admet également que l'administration de la société anonyme est seule compétente pour faire valoir les droits de la société et que les actionnaires individuels ne peuvent s'y opposer.

Dans la pratique, on se soucie peu de la question de savoir si les sociétés anonymes sont des personnes morales dans le sens théorique ; on les traite comme des personnes morales en reconnaissant que leur fortune est distincte de celle des personnes physiques qui se sont associées, que leur administration est seule compétente pour ester en justice, etc.

Aucune autorisation n'est requise pour former une société anonyme.

En somme, on peut dire que toutes les corporations auxquelles les lois étrangères accordent une existence juridique sont traitées de même manière en Danemark et qu'on ne recherche pas si elles ont reçu une autorisation ou non.

V. — **Mariage.**

Depuis 1536, la religion luthérienne a été la religion de l'Etat. La petite minorité des personnes qui professaient d'autres religions ne pouvaient exercer leur culte qu'en vertu d'une permission du Roi. Le mariage civil était inconnu, le mariage religieux était le seul en vigueur, et le certificat du curé, constatant que le mariage était célébré, faisait foi. Les registres du curé formaient les registres de l'état civil.

Cet état de choses est encore la règle. Le mariage civil a été, à la vérité, introduit par la loi du 13 avril 1851, mais il forme une exception.

Le mariage religieux est obligatoire si les futurs époux professent tous les deux la religion luthérienne, ou une autre religion qui est reconnue par l'Etat. Les religions reconnues sont actuellement les religions catholique, méthodiste, réformée, juive. En ce cas, le mariage est constaté par la bénédiction nuptiale religieuse. On n'a recours au mariage civil que si les époux professent une religion autre que les religions susdites ou s'ils appartiennent à des religions différentes.

L'acte de mariage est le certificat du curé ou du prêtre si c'est un mariage religieux, ou le certificat du maire si c'est un mariage civil. Il va de soi que si un acte de mariage est produit, le mariage est présumé valablement conclu jusqu'à preuve contraire.

Pour contracter mariage, l'époux doit avoir atteint l'âge de 18 ans, la femme l'âge de 16 ans. Si les futurs époux sont mineurs, c'est-à-dire s'ils n'ont pas 15 ans, le consentement de leur tuteur ou curateur est nécessaire.

En ligne directe, le mariage est prohibé entre tous les ascendants et descendants légitimes ou naturels et les alliés dans la même ligne.

En ligne collatérale, entre frère et sœur légitimes ou naturels, et les alliés au même degré, entre la tante et le neveu.

Le Roi peut dispenser de cette dernière parenté, comme il peut aussi dispenser des conditions d'âge.

On ne peut contracter un second mariage avant la dissolution du premier. La bigamie est punie des travaux forcés de 2 à 6 ans. La peine est cependant mitigée, si la cohabitation maritale a été suspendue par une séparation. (Loi 10 février 1866, § 160.)

Si le tuteur ou curateur refuse son consentement au mariage sans motif légitime, les futurs époux peuvent s'adresser à l'administration, qui appréciera. Le conseil de famille est inconnu.

Si le mariage est conclu au mépris de l'empêchement annoncé au curé, ou (pour le mariage civil) au maire, le curé (ou le maire) seront punis d'une amende. Il s'ensuit, que la personne, qui veut s'opposer au mariage, par exemple le père, dont on n'a pas demandé le consentement, peut l'empêcher en donnant un avertissement au curé. Celui-ci s'abstiendra en cas de doute. Car il sera puni si l'opposition au mariage est bien fondée, tandis qu'il ne s'expose à rien en s'abstenant.

Le seul cas où les tribunaux auront dans la pratique à s'occuper d'empêchement du mariage, est celui où une fille séduite fait opposition au mariage. Elle a le droit de le faire si elle était innocente, quand elle a été séduite sous promesse de mariage, par le futur époux âgé de plus de 25 ans et si celui-ci lui a fait un enfant. Dans ce cas cependant, une simple protestation ne suffit pas. Elle doit faire opposition au mariage et avoir cette opposition validée par le tribunal. Le mariage doit alors être différé jusqu'à ce que le tribunal aura statué.

Le mariage doit se faire dans les trois mois qui suivent la dernière publication. La publication emporte forclusion dans tous les cas où la personne opposante a eu connaissance de la publication. Le texte porte que toute personne qui voudra s'opposer au mariage est sommée de le faire maintenant et plus tard de se taire.

Le mariage doit être précédé d'une publication légale. Les personnes qui pourront avoir un droit d'empêcher le mariage sont ainsi averties.

Pour le mariage religieux, la publication se fait dans l'église de la paroisse de la future épouse en trois dimanches consécutifs. Le curé doit s'assurer qu'il n'y a aucun empêchement pour le mariage. Il doit en outre exiger deux cautions respectables qui garantissent que le mariage peut être contracté légalement. Le Roi peut permettre un mariage sans publication ; il peut également dispenser de l'obligation de fournir des cautions.

Pour le mariage civil, la publication est faite au tribunal.

Les étrangers qui désireraient se marier en Danemark, doivent prouver que leur loi nationale ne s'oppose pas à l'union désirée.

Pour les Danois qui désirent se marier à l'étranger, ils peuvent se conformer à la loi étrangère. En outre, le consul du Danemark peut être autorisé à célébrer le mariage civil. (Loi 19 février 1892). Il suffit pour la compétence du consul, qu'un des futurs époux soit Danois. Avant de conclure le mariage, le consul doit s'assurer que les futurs époux ont l'âge requis par leur loi nationale pour contracter mariage ; qu'ils ne sont pas liés par un mariage encore existant ; que leur union n'est pas prohibée pour cause de parenté ou d'alliance, ni par la législature danoise, ni par la loi du pays si cette loi est la loi nationale d'une des parties ; que les parties ont le consentement de leurs parents ou tuteurs, si ceci est nécessaire d'après la loi du pays, dans lequel le mariage doit être célébré. Les futurs époux doivent présenter au consul deux personnes respectables qui s'obligent à garantir qu'il n'y a aucun empêchement pour cause de parenté, d'alliance, ou d'un mariage antérieur. Le consul peut cependant dispenser de cette formalité, si les personnes sont dans l'impossibilité de trouver des garants et se contenter du serment des parties ou de l'une d'elles.

Quand il n'y a pas de consentement, ou s'il n'y a pas d'acte de mariage, la cohabitation est un concubinat.

S'il y a au contraire un acte de mariage, la nullité qui dans la règle doit être prononcée par les tribunaux, n'est que très difficilement admise. Elle ne le sera pas, si le mariage eut pu se faire moyennant une dispense.

Le défaut de consentement des parents ou du tuteur n'entraîne jamais la nullité du mariage.

Quoique la bigamie entraîne nécessairement la nullité du mariage, l'épouse victime du crime ne doit cependant pas en souffrir, pas plus que ses enfants. Elle est en conséquence réputée épouse légitime et ses enfants sont les enfants du mari. (Code 3-16 ; 16-8).

Les époux se doivent mutuellement fidélité et la loi pénale ne fait aucune différence entre l'adultère de la femme et celui du mari.

Le mari décide du domicile conjugal. La femme a donc le devoir de suivre le mari et de cohabiter avec lui. Cependant, l'épouse ne pourrait y être forcée. Mais si elle quitte le mari, elle doit se suffire à elle-même. Le mari ne pourra être obligé à lui fournir une pension, quand il invite la femme à retourner chez lui. En quittant son mari, la femme ne peut emmener avec elle les enfants. Elle sera forcée à les rendre au mari quelque soit leur âge.

Si c'est le mari qui quitte la femme, il sera obligé à lui payer une pension selon ses moyens.

Le régime de la communauté est le principe général du droit danois.

Cependant, il est loisible d'y déroger. Un contrat de mariage est valable pourvu qu'il soit consenti avant le mariage. Si une des parties contractantes est mineure, le tuteur ou le curateur doit aussi consentir. On peut également faire un contrat de mariage après la célébration de celui-ci, mais en ce cas la confirmation du Roi est nécessaire. Pour être valable à l'égard des tiers, il faut que le contrat soit publié dans un registre spécial, et quant aux immeubles, qu'il soit inscrit au bureau des hypothèques. Pour les obligations, les actions et effets analogues, il faut que le contrat de mariage soit mentionné sur ces documents pour pouvoir être opposé aux tiers de bonne foi.

Le mari a le droit exclusif de disposer des biens de la communauté. Le consentement de l'épouse est cependant nécessaire, si le mari veut disposer d'immeubles qui sont introduits dans la communauté par la femme, ou s'il veut disposer d'actions, d'obligations etc. qui sont introduites par la femme et qui sont notés en son nom. L'action de la femme pour faire annuler les transactions du mari se prescrit par un an. Au lieu de citer en justice, la femme peut notifier un protêt. Elle a alors le droit de se faire dédommager sur les biens particuliers du mari ou sur sa part dans la communauté.

Les obligations que l'épouse a contractées avant le mariage deviennent les obligations du mari, à moins de stipulation contraire dans un contrat de mariage dûment publié.

En cas d'empêchement du mari, la femme peut obliger le mari et la communauté. Quant à d'autres obligations que la femme pourra contracter, le créancier peut seulement poursuivre les biens particuliers de la femme, ce qu'elle pourra gagner personnellement ou la part de la femme dans la communauté, quand la masse est partagée. Il peut encore se faire payer sur la communauté, si la femme en reste en possession après le décès du mari.

Quand le mari est interdit, l'épouse majeure peut administrer la communauté avec l'assistance d'un tuteur.

Si la femme déclare vouloir garantir ou être coobligée dans des transactions consenties par le mari, le consentement du préfet est nécessaire. Ce consentement est encore nécessaire pour valider la renonciation de la femme aux droits qu'elle a sur les biens de la communauté ou sur les biens particuliers du mari.

Si un testateur ou donateur a décidé que l'héritage ou la donation doit être la propriété particulière d'un des conjoints, cette disposition est valable sans égard à ce qui pourra être stipulé par contrat de mariage.

En règle générale, cependant, le contrat de mariage donne les règles pour ce qui doit appartenir à la communauté ou être la propriété d'un des conjoints. Les propres de la femme sont administrés par elle indépendamment du mari ; cependant il peut être stipulé par contrat de mariage, que la femme doit avoir le consentement du mari ou d'un tuteur pour disposer de sa fortune particulière.

Le produit de la fortune particulière entre dans la communauté à moins de stipulation contraire dans le contrat de mariage.

Si les biens de la communauté ne suffisent pas à l'éducation des enfants, chaque conjoint est tenu d'y contribuer au moyen de sa fortune particulière. S'ils ne peuvent s'accorder là-dessus, le préfet décide.

Les donations entre époux sont nulles, si elles ne sont faites par contrat de mariage.

La femme peut, indépendamment du mari, disposer de ce qu'elle gagne par son travail personnel.

La femme mariée sous le régime de la communauté a le droit de provoquer le partage de la masse, si elle peut prouver que le mari a mal administré, ou si le mari fait faillite, ou s'il refuse de cohabiter avec elle.

Les règles susdites qui sont introduites par une loi du 7 avril 1899 doivent aussi être appliquées aux contrats de mariage consentis à l'étranger, si le mari a son domicile en Danemark ; la capacité de la femme est réglée par sa loi nationale. Le contrat de mariage conclu par un étranger et valable d'après sa loi nationale, est valable en Danemark quant aux parties contractantes et à leurs héritiers, si elle ne contient rien qui soit contraire à la loi Danoise.

Il est encore valable envers les tiers, s'il est dûment publié avant un mois après que le mari a pris domicile en Danemark.

Le régime dotal n'étant pas adopté en Danemark, la femme ne pourra prétendre à aucun privilège pour sa dot, quand les conjoints transportent leur domicile en Danemark.

VI. — **Divorce. Séparation de corps.**

D'après le système du code, le divorce est prononcé par les tribunaux. Les causes du divorce sont : l'adultère, le délaissement des conjoints pendant 3 ou 7 ans selon les circonstances, l'impuissance dissimulée antérieure au mariage (Code § 15). Si l'un des conjoints a caché qu'il avait une maladie vénérienne et si l'autre a pris la contagion, c'est encore une cause de divorce (Code 3-16 ; 16-4). Plus tard une absence de 5 ou de 10 ans selon les circonstances et faisant présumer la mort du conjoint a été ajoutée comme cause de divorce. (Loi du 11 septembre 1833, §§ 8, 14, 16.)

Dans l'instance introduite pour faire prononcer le divorce, le législateur a cherché à empêcher une connivence entre les époux. Il ne suffit pas que l'intimé s'avoue coupable. Le tribunal exige la preuve des faits articulés. Cependant cela ne veut pas dire que l'aveu de l'intimé ne soit d'aucune importance, surtout lorsqu'il s'agit d'adultère, où la personne qui s'avoue coupable, s'expose à être punie.

Il ne suffit pas que l'intimé soit coupable d'adultère, si le demandeur s'est également rendu coupable d'adultère, ou s'il a agi de telle sorte qu'il a donné une excuse à l'intimé, par exemple : si le mari a chassé la femme de la maison commune et l'a ainsi forcée à se loger ailleurs. Si le conjoint innocent après avoir eu connaissance de l'adultère, a des relations intimes avec le coupable, cela équivaut à un pardon et le divorce ne pourra être prononcé.

Quoique ce système soit encore en vigueur, ce n'est que la petite minorité des divorces qui sont prononcés par les tribunaux.

D'après le droit public ancien, avant la loi fondamentale du 5 juin 1849, le Roi était omnipotent et se servait de ce droit pour accorder des divorces et des séparations. Cet état de choses a été maintenu dans le droit actuellement en vigueur.

Pour éviter le scandale les parties préfèrent dans la règle la dissolution du mariage par la voie administrative. Quand il est prouvé, à la satisfaction de l'administration, qu'il y a dans l'espèce une cause légale de divorce, le mariage est dissout par décret royal.

Le Roi cependant accorde le divorce aussi dans les cas où il n'y avait pas de cause légale, par exemple en cas de démence inguérissable, ou si un des conjoints est condamné à huit ans de travaux forcés. Il accorde aussi la séparation de corps, qui n'est jamais prononcée par les tribunaux.

Le divorce est accordé par décret royal, si les conjoints ont vécu séparés pendant plus de trois ans.

Il va de soi que la séparation peut être accordée quand il y a cause de divorce. Mais elle est aussi accordée, quand il est prouvé que l'un des conjoints a rendu la vie commune intolérable, par exemple si le mari confie la tenue de la maison à une domestique à l'exclusion de la femme, s'il injurie sa femme à différentes reprises en présence des enfants ou des domestiques.

Il faut cependant, en ces cas, que l'autre conjoint soit irréprochable. Elle est encore accordée pour cause d'incompatibilité des esprits. On ne demande pas que ceci soit constaté. Le consentement mutuel des époux suffit.

Quelle que soit la cause de séparation, les époux doivent s'adresser d'abord à leur curé, qui s'efforce de leur faire renoncer à leur projet ; ensuite une seconde tentative de conciliation a lieu devant le préfet.

Si les époux persistent dans leur désir, la séparation est accordée. Après trois ans de séparation, le divorce peut être demandé par le conjoint, qui peut établir par des certificats de personnes honorables qu'il ne s'est pas rendu coupable d'adultère.

Le divorce prononcé par le tribunal a pour effet de faire cesser le mariage. Le mari n'est plus obligé de nourrir la femme. Les biens de la communauté sont partagés entre les époux.

Quant aux enfants, l'administration décide de leur sort.

Si la séparation ou le divorce est accordé par décret du Roi, il est de règle que les parties tombent d'accord sur les conditions quant à la fortune et à la situation des enfants. La convention faite par les époux est confirmée par l'administration. Assez souvent, le mari s'oblige à fournir des aliments à la femme pendant la séparation ou même après le divorce.

Si les époux ne peuvent pas s'arranger, la fortune commune est partagée par le tribunal et l'administration décide du sort des enfants. L'administration exige assez souvent du mari qu'il s'oblige à fournir des aliments à sa femme, et peut refuser d'accorder le divorce, s'il n'y consent pas.

La séparation fait cesser l'autorité du mari sur la femme.

Mais les époux, quoique séparés, se doivent mutuellement fidélité, et si quelqu'un d'eux contracte un nouveau mariage, il se rend coupable de bigamie. Si les époux séparés reprennent la vie commune, le mariage renaît avec toutes ses conséquences sans aucune formalité.

Si des époux divorcés désirent de nouveau vivre comme époux, ils doivent s'adresser au curé et lui présenter des garants, qu'il n'y a pas d'empêchements de mariage et avoir la permission du ministère de la justice.

VII. — **Testaments.**

I. — De la forme. — Le plus souvent le testament se fait par devant notaire. Le testament doit être signé par le testateur, qui attestera en présence du notaire que le nom souscrit est bien sa signature. En ce cas le testament est valide quant à la forme.

La loi permet aussi, à la vérité, de se passer du notaire. En ce cas, le testament doit être signé par le testateur en présence de deux témoins mâles et parfaitement irréprochables, qui doivent attester sur le testament qu'ils ont été invités par le testateur lui-même à être présents à l'acte, et que le testateur avait la plénitude de ses facultés mentales quand il a signé le testament. Si le témoin est porté pour un legs dans le testament, il cesse d'être impartial et son témoignage perd sa valeur. Les témoins doivent, devant le tribunal, affirmer sous serment la sincérité de leur attestation.

Il s'ensuit que, si un des témoins vient à mourir avant qu'il ait prêté serment, le testament est caduc. En conséquence de ceci le testament dit privé est peu usité, bien que la validité d'un tel testament ne soit nullement controversée.

Si le testateur ne sait pas lire, le notaire ou un des témoins doit lui en faire lecture, et l'accomplissement de cette formalité doit être expressément mentionnée dans l'attestation du notaire ou des témoins.

Si les formalités ci-dessus indiquées n'ont pas été observées, le testament est nul, sans qu'aucune confirmation en soit possible. Si un testateur, qui est subitement tombé gravement malade, veut faire son testament, il peut déclarer verbalement sa dernière volonté à deux témoins mâles et irréprochables, qui en dresseront acte. Mais un tel testament est censé révoqué, s'il n'est pas ratifié par le testateur dans les formes ordinaires quatre semaines après qu'il s'est rétabli de sa maladie (Loi du 21 mai 1845).

Le testament olographe ne jouit d'aucun privilège et doit satisfaire aux conditions ordinaires requises pour la validité. Pour la révocation d'un testament, aucune forme n'est prescrite. En conséquence, la révocation peut se faire tacitement, par exemple en détruisant le testament.

II. — Capacité de recevoir par testament. — Les personnes morales peuvent hériter par testament sans qu'aucune autorisation royale soit nécessaire. En général, on peut dire que le droit danois ne connaît pas d'incapacité de recevoir par testament.

III. — Capacité de donner par testament. — Toute personne âgée de 18 ans peut tester comme elle l'entend. La loi ne contient pas de règle quant à des conditions immorales ou illicites. L'interprétation du testament contenant de telles clauses est abandonnée aux tribunaux.

La liberté absolue de disposer de sa fortune n'appartient qu'aux personnes qui ne laissent pas de descendants. La personne qui laisse des enfants ou des petits-enfants ne peut disposer que d'un tiers de sa fortune (Loi du 29 décembre 1857). Les deux tiers doivent être laissés aux enfants. Si un enfant est mort, laissant des descendants, ceux-ci ont droit à la part dont leur père ou leur mère aurait hérité.

Le droit des enfants consiste non seulement à recevoir une portion déterminée de l'héritage, mais à en avoir la libre disposition. C'est donc contraire à la loi de priver les enfants de la libre disposition de l'héritage qui leur est réservé. Cependant les père et mère peuvent obtenir la confirmation d'un testament qui dispose que le capital des enfants doit être administré par l'Etat (l'Overformynderi, voir N° III), et que les enfants toucheront seulement les intérêts. Cette confirmation est accordée, s'il est prouvé par l'attestation des parents les plus proches, que la disposition est conforme au véritable intérêt des enfants.

Quant aux donations entre vifs, il est de principe qu'elles ne peuvent pas être annulées dans l'intérêt des enfants. Les père et mère peuvent cependant disposer que les donations qu'ils auront faites à leurs enfants, seront considérées comme des avances sur le futur héritage, et en ce cas, on réunit fictivement à la masse la valeur des donations. Si le père ou la mère qui a fait la donation, n'a pas énoncé la volonté ci-dessus mentionnée, la masse est partagée entre les héritiers sans tenir compte de la donation. L'enfant qui aura reçu par donation entre vifs, plus que la part qui pourra lui revenir dans la succession, ne pourra jamais être forcé à restituer ce qu'il a reçu. Seulement, il n'hérite pas.

La femme mariée peut disposer de sa fortune sans le consentement de son mari.

Par des lois spéciales les propriétaires d'immeubles ruraux sont autorisés à favoriser l'enfant qui doit hériter de la propriété aux dépens des autres enfants (Loi du 13 mai 1769 § 5, 22 nov. 1837, 21 mai 1845 § 27). Une règle analogue s'applique aux fabricants (Loi du 21 mai 1845 § 27).

Il est défendu d'ériger des majorats, quand ils sont fondés sur des immeubles (Loi du 28 juillet 1866 § 93). Ils peuvent être constitués sur des hypothèques avec l'autorisation du Roi.

VIII. — **Successions ab intestat.**

Les étrangers sont admis à succéder de la même manière que les Danois. Il existe à la vérité un impôt sur l'héritage échu à des étrangers, mais cet impôt est aboli par des traités avec presque tous les autres Etats (avec la Belgique par déclaration du 21 mars 1834) et n'a pas beaucoup d'importance en pratique.

L'ORDRE. — Les enfants succèdent sans distinction de sexe, à l'exclusion de tous les autres. Si un enfant est prédécédé, ses enfants ou descendants héritent par représentation.

Si le défunt ne laisse pas d'enfants, le père et la mère sont ses uniques héritiers. Si le père ou la mère est mort, le parent survivant hérite de la moitié (1) de la fortune, tandis que l'autre moitié revient aux enfants du parent prédécédé. Si le parent prédécédé ne laisse pas de descendants, le père ou la mère survivant hérite de toute la fortune.

Si les parents sont morts, l'héritage est partagé entre leurs enfants et les frères et sœurs du défunt. Le partage se fait ainsi, que les parents sont représentés par leurs enfants. Par conséquent, les enfants du père héritent d'une moitié, les enfants de la mère de l'autre. Les enfants des frères et sœurs prédécédés héritent par représentation.

Si le défunt ne laisse ni enfants, ni parents, ni frères et sœurs et leur postérité, l'héritage revient aux grand'pères et grand'mères et à leurs descendants. Si l'un des grand'pères ou grand'mères est mort sans laisser de descendants, sa part revient à la grand'mère ou au grand'père survivant et à ses enfants. A défaut de grand'père ou grand'mère et de leurs descendants dans la branche paternelle, l'héritage revient en entier à la branche maternelle et vice-versa.

Si le défunt ne laisse ni enfants, ni parents ou aïeuls ou leur postérité, les bisaïeuls et leurs descendants héritent suivant les règles susmentionnées ; à leur défaut l'héritage revient aux trisaïeuls et à leurs descendants.

Outre la famille, le conjoint du défunt a un droit à la succession, à la condition cependant qu'il ne soit ni divorcé, ni séparé de corps. Si le défunt laisse des enfants, la part du conjoint est égale à la part qui revient à un frère. Pour comprendre cette règle, il faut remarquer que d'après le

(1) Ce n'est pas parfaitement exact de parler de moitié, puisque l'époux survivant hérite d'un lot. Il s'ensuit que l'époux survivant, qui n'aurait pas renoncé à hériter, (ce qui se fait cependant assez fréquemment), laissera à ses enfants plus de la moitié, c'est-à-dire la moitié plus un lot, tandis que l'époux prédécédé laissera la moitié moins le lot du conjoint.

droit ancien, le frère héritait du double de la sœur. Cette règle a été abolie par une loi du 29 décembre 1857, mais le droit du conjoint n'a pas été entamé par la nouvelle règle selon laquelle les frères et sœurs héritent sans distinction de sexe. Il s'ensuit que lorsqu'un mari a laissé trois fils et une fille, la veuve hérite de deux neuvièmes de la fortune du mari (Arrêt du 12 mai 1868). La part du conjoint ne pourra pas dépasser un quart de la masse héritée *ab intestat*. Si le défunt ne laisse pas d'enfants, le conjoint hérite d'un tiers. (Loi du 21 mai 1845).

Les règles susdites sont modifiées si le défunt laisse un testament. (Voir § VII). Il peut disposer du tiers de sa fortune s'il laisse des enfants ou un conjoint ; au cas contraire, de la totalité.

L'enfant naturel hérite de sa mère et de sa famille comme s'il était légitime ; il hérite de son père et de sa famille s'il a été légitimé ; en concurrence avec des enfants légitimes seulement de la moitié de ce qu'il aurait eu, s'il avait été légitime. (Code 5-2-19). S'il n'y a pas d'enfants légitimes, l'enfant naturel légitimé hérite de toute la fortune du père.

Si le défunt ne laisse pas de parents au degré successible, sa fortune appartient au conjoint survivant, et à son défaut à l'État.

L'enfant naturel non légitimé n'hérite pas de son père mais peut réclamer des aliments de sa succession. Si le père laisse une veuve ou des enfants légitimes, l'enfant naturel n'aura pas plus que ce qu'hérite un enfant légitime. (Loi du 12 avril 1892).

Des règles spéciales sont en vigueur pour les fidéicommis, où le privilège de sexe et la primogéniture donnent le plus souvent un droit au fils aîné à l'exclusion des autres enfants. Ces règles reposent sur les patentes d'érection des différentes familles nobles.

HÉRITIERS. — Pour les personnes appelées par la loi à hériter, il suffit d'exister physiquement au moment où la succession s'ouvre ; l'enfant conçu est héritier, s'il naît viable.

La loi n'établit aucune présomption pour le cas où deux personnes, respectivement appelées à la succession l'une de l'autre, périraient dans un même événement sans qu'on puisse reconnaître laquelle est décédée la première. Il s'ensuit qu'elles sont censées mortes simultanément et l'une n'aura pas hérité de l'autre.

Les héritiers légitimes sont saisis de plein droit des droits et actions du défunt, sous l'obligation d'acquitter ses dettes et toutes les charges de la succession. On devient donc héritier sans le savoir. Cependant on ne devient pas personnellement obligé à payer les dettes, si l'on n'accepte pas l'héritage expressément ou tacitement.

Les héritiers, qui ont disposé des biens de la succession, sont censés avoir accepté l'héritage.

Le meurtrier du défunt perd son droit à la succession (Code 5-2-74).

Il est défendu d'aliéner ou d'hypothéquer les droits qu'on peut avoir à la succession d'une personne vivante. (Code 5-2-81, Loi du 21 mai 1845 § 14). Mais il n'est pas défendu de renoncer à la succession d'une personne vivante, pourvu que la renonciation soit faite au *de cujus* ; en ce cas la renonciation est valable aussi pour les enfants de l'héritier.

Quand on ignore si un héritier a survécu au *de cujus*, la fortune est partagée entre les héritiers connus. On ne tient aucun compte de la possibilité qu'un tel héritier pourrait être en vie. Cependant l'héritier passé sous silence a droit de réclamer sa part de l'héritage aux cohéritiers qui l'auront touchée. Cette action se prescrit 15 ans après la mort du *de cujus*. (Loi du 11 septembre 1839 §§ 1 et 2).

L'administration des successions est confiée à des tribunaux spéciaux, dits de partage. Tout décès doit être communiqué à ces tribunaux sous peine d'amende, et l'inhumation du défunt ne peut avoir lieu sans la présentation du certificat du tribunal de partage attestant que le décès lui a été annoncé. Le tribunal se charge d'office de l'administration de la succession, à moins que tous les héritiers soient présents personnellement ou par mandataires et qu'ils s'accordent pour demander que le tribunal s'abstienne. Dans le cas où l'administration de la succession se fait par le tribunal, les héritiers sont censés avoir accepté sous bénéfice d'inventaire.

Pour administrer la succession sans le contrôle du tribunal de partage, il est nécessaire que tous les héritiers soient majeurs. Cependant il suffit d'avoir 18 ans pour être réputé majeur. La femme mariée représentée par son mari, est aussi réputée majeure. Les héritiers, qui sont admis à administrer la succession, sont les héritiers universels. Les légataires n'ont pas ce droit et ils ne peuvent pas s'opposer à l'administration des héritiers.

Lorsque tous les héritiers sont majeurs et que la pluralité d'entre eux désire se charger de l'administration de la succession, ils ont le droit de sommer les héritiers majeurs qui ne se présentent pas, de déclarer s'ils sont d'accord pour que la succession soit administrée sans le contrôle du tribunal. Si l'héritier sommé ne donne pas de réponse, il est censé ne vouloir pas s'opposer à l'administration de ses cohéritiers. Cette règle s'applique aussi dans le cas où l'héritier sommé serait domicilié à l'étranger.

Les créanciers du défunt ne peuvent pas s'opposer à ce que les héritiers majeurs acceptent l'héritage. Il faut avouer que cette règle qui refuse aux créanciers le *jus separationis*, n'est pas rationnelle. Mais elle est incontestée, et on n'a pas eu l'occasion dans la pratique d'en signaler des inconvénients.

PARTAGE. — Les héritiers ne sont pas forcés de rester dans l'indivision, mais chacun d'eux peut provoquer le partage.

Le conjoint survivant peut demander sa part en nature des meubles et des immeubles ; les autres héritiers peuvent demander leur part seulement en biens meubles (Loi du 30 novembre 1874 § 47).

Si le conjoint survivant doit partager avec ses enfants, aucune réalisation n'a lieu, mais le partage est basé sur le bilan des biens et des dettes de la succession que dresse le survivant, si les héritiers présents et les tuteurs des héritiers mineurs sont d'accord, et si le tribunal n'a aucun soupçon quant à la sincérité du bilan. (Loi du 30 novembre 1874 § 60).

Il va de soi que les dettes de la succession doivent être payées avant le partage de l'actif entre les héritiers. Cependant on sait par ce qui est déjà dit, que les créanciers courent le risque de n'être pas payés, si les héritiers, administrateurs de la succession, sont insolvables. Les légataires n'ont aucune obligation envers les créanciers.

Si le créancier demande payement avant que les héritiers aient partagé la masse, les héritiers sont solidairement obligés. Si le créancier se présente après que le partage a eu lieu, chaque héritier est obligé envers lui seulement dans la proportion de ce qu'il a touché dans le partage.

Le rapport en nature au profit des créanciers a seulement lieu en cas de faillite, jamais dans les successions solvables.

Il est de principe dans les successions solvables, que l'héritier qui veut se contenter de ce qu'il a reçu, n'est jamais obligé à rapporter dans l'intérêt de ses cohéritiers.

L'opération du rapport est donc purement intellectuelle, et se résout en une diminution du lot de l'héritier dans le partage.

La faculté de donner entre vifs est illimitée. Un père peut donner toute sa fortune à un de ses enfants, sans que les autres aient le droit de s'en plaindre. Mais il peut aussi, s'il le préfère, ordonner que les sommes qu'un enfant auraient reçues de lui, doivent lui être imputées sur son lot dans le partage. Il peut le faire s'il a fait des dépenses considérables pour l'enfant, après que l'éducation est finie, pour rendre l'enfant plus capable, pour le mettre en état de se marier, ou d'autre manière pour l'avancer dans la vie. Le père peut ordonner ce rapport par testament ou par simple écrit. La déclaration du père, établissant ce qu'il a dépensé pour l'enfant, fait foi jusqu'à preuve contraire. Cependant, s'il est établi devant le tribunal de partage, que le père a fait des dépenses équivalentes pour ses autres enfants sans en ordonner le rapport, le tribunal peut décider qu'aucun rapport n'aura lieu. Ce qui est dit du père s'applique également à la mère, qui fait des dépenses pour quelques-uns de ses enfants après la mort du père (Loi du 21 mai 1845 §§ 10, 12).

Le rapport a seulement lieu en faveur des enfants, pas en faveur d'autres héritiers.

IX. — Administration des successions.

Les tribunaux de première instance sont organisés de manière à pouvoir se charger d'administrer les successions.

En conséquence, tout décès doit être annoncé au tribunal sous peine d'une amende de 20 à 200 couronnes (Loi du 30 nov. 1874 §§ 1 et 2).

Le tribunal se met en devoir de faire inventaire et d'administrer, si les héritiers n'annoncent pas leur intention de partager eux-mêmes.

En faisant cette déclaration, les héritiers expliquent dans une requête au tribunal leur parenté avec le défunt, ou représentent le testament en vertu duquel ils héritent.

Si ce testament est fait par devant notaire, cela suffit. Si non il faut constater la validité du testament par témoins. Mais alors le tribunal se dessaisit seulement, quand la preuve est fournie. S'il n'y a pas de testament, les héritiers n'apportent la preuve de leur parenté que lorsque le tribunal doute de la sincérité de leur allégation Loi du 30 nov. 1874 § 11). En pratique, leur déclaration est presque toujours jugée suffisante. Quand le tribunal juge que les héritiers se sont légitimés d'une manière suffisante, mention en est faite sur la requête et les héritiers sont alors légitimés vis-à-vis des tiers pour disposer des biens de la succession.

La faculté d'administrer sans le contrôle du tribunal est accordée aux héritiers seulement, pas aux légataires. Chaque héritier a le droit de provoquer l'administration du tribunal (Loi du 30 novembre 1874 § 4).

Les créanciers ne peuvent s'opposer à l'administration des héritiers, mais ils peuvent, s'il y a lieu, faire déclarer que la succession est en état de faillite. Les créanciers n'ont pas le droit de demander la séparation des patrimoines. Ils doivent se contenter du droit qu'ils ont contre les héritiers, qui se déclarent responsables de la dette du défunt.

Il faut que les héritiers soient tous majeurs et présents pour pouvoir demander au tribunal de s'abstenir. Les héritiers sont censés présents, s'ils ont un mandataire sur le lieu de la succession. S'il est vraisemblable que les conditions requises pour l'administration des héritiers pourront être remplies dans un bref délai, par exemple, si les héritiers présents déclarent que les héritiers absents enverront leur procuration, ou si un héritier atteindra sa majorité dans peu de jours, le tribunal peut s'abstenir pendant quelques semaines, s'il estime qu'il n'y a pas de danger qu'on fasse du tort à la masse.

L'administration par le tribunal est nécessaire, si quelqu'un des héritiers est mineur ou interdit. Les personnes morales sont considérées sous ce rapport comme majeures. De même la femme mariée représentée par son mari.

Très souvent le testateur a nommé un ou plusieurs exécuteurs testamentaires. En ce cas, on sollicite une autorisation royale pour l'exécuteur, qui est facilement accordée, pourvu que le testament soit fait par devant notaire et que la personne nommée exécuteur soit majeure et irréprochable. Le testament et l'autorisation de l'exécuteur sont présentés au tribunal qui en prend acte et s'abstient.

Les héritiers qui se sont décidés à administrer eux-mêmes sans le contrôle du tribunal, sont responsables de la dette du défunt. Ils peuvent s'arranger comme bon leur semble tant qu'ils sont d'accord. S'il y a controverse, le tribunal décide.

Comme le tribunal a toujours à décider si les héritiers présents se sont suffisamment légitimés pour qu'il puisse leur abandonner la succession, on peut dire que toutes les successions sont à l'origine administrées par le tribunal. Si les héritiers se présentent, cet état intermédiaire est bien court.

Cependant, pendant ce temps les congés, les protêts de lettres de change doivent être faits devant le tribunal.

Si l'administration est abandonnée aux héritiers, c'est à ceux-ci qu'il faut s'adresser, c'est eux qu'il faut citer en justice. Ils sont justiciables devant le tribunal du lieu de la succession (Loi du 30 nov. 1874 §§ 55, 81).

Dans le cas contraire, le tribunal continue son administration. Il fait alors inventaire et somme les héritiers de déclarer s'ils veulent se faire responsables de la dette. Si les héritiers ne sont pas d'accord pour donner une telle déclaration, les créanciers ont le droit d'administrer jusqu'à ce qu'ils soient payés, ou qu'il leur ait été donné une sécurité suffisante. Si les créanciers sont désintéressés, ou si les héritiers se déclarent responsables envers eux, la masse est administrée selon l'avis des héritiers.

Quand le tribunal a l'administration, il invite les créanciers à se présenter dans un délai qui est de trois mois, si le défunt n'a pas eu de relations en dehors de l'Europe. Si tel est le cas le délai est de six mois. Pour les démarches importantes on demande l'avis des intéressés, c'est-à-dire des héritiers, s'ils se sont déclarés responsables de la dette, ou au cas contraire l'avis des créanciers. Si les intéressés sont d'accord, leur résolution est ordinairement obligatoire pour le tribunal. S'ils ne sont pas d'accord le tribunal décide (Loi du 30 nov. 1874 § 24).

Le tribunal administre la succession en réalisant les biens meubles et immeubles, en payant les créanciers, ensuite les légataires et finit en distribuant le surplus aux héritiers.

Les héritiers reçoivent ce surplus sous bénéfice d'inventaire.

Un refus d'hériter est à peu près inconnu en pratique, puisque les héritiers acceptent virtuellement l'héritage sous bénéfice d'inventaire en abandonnant simplement l'administration au tribunal.

Il est défendu de citer les héritiers en justice pour les dettes du défunt, lorsqu'ils ont fait administrer la succession par le tribunal. Les créanciers ont à s'adresser au tribunal, qui les paye sur les biens de la succession.

Si la succession est administrée par un exécuteur testamentaire, c'est à celui-ci que les créanciers ont à s'adresser.

Quoique ce soit la règle que la fortune doit être partagée en cas de décès, une exception est faite pour le cas où le veuf ou la veuve a des enfants de son conjoint décédé. En ce cas le père a le droit de rester dans l'indivision avec ses enfants, sans que ceux-ci puissent demander le partage même après qu'ils seront devenus majeurs. La veuve a le même droit, pourvu que son mari le lui ait accordé par testament (Loi du 21 mai 1845 § 18). S'il ne l'a pas fait, l'administration peut accorder à la veuve le droit de rester dans l'indivision, mais seulement avec les enfants mineurs. Si le veuf ou la veuve désire contracter une nouvelle union, le partage s'impose nécessairement. Cependant, en ce cas, le partage est régi par des régles spéciales. Si le conjoint survivant, qui est responsable des dettes, doit partager avec les enfants du conjoint décédé, aucun inventaire n'est fait par le tribunal lorsque les héritiers ou leurs tuteurs ne demandent pas que le conjoint soit privé de l'administration de la masse, ce qui se fait très souvent. Le conjoint survivant produit un bilan assez sommaire constatant l'actif et le passif de la masse. Si les héritiers et leur tuteurs ne révoquent pas en doute la sincérité de ce tableau et si le tribunal de partage n'estime pas devoir s'y opposer dans l'intérêt des mineurs ou des absents, ce bilan fait foi et forme la base du partage. Même dans le cas où les constatations du bilan sont attaquées, aucune réalisation n'a lieu, mais l'actif sera évalué par des experts, et le passif sera vérifié par le tribunal de partage comme bon lui semblera, par exemple, par l'examination des créanciers. Le conjoint survivant a le droit de conserver toute la masse ou les immeubles et les meubles, même si leur valeur dépasse sa part dans la masse, mais il doit en ce cas payer aux héritiers leur part en argent.

Comme le partage dont il s'agit se fait seulement dans le cas où le conjoint est et reste responsable des dettes, les créanciers ne sont pas sommés de se présenter. Ils conservent leur droit contre leur débiteur et peuvent seulement s'opposer au partage en le déclarant en état de faillite.

Les héritiers ne deviennent pas personnellement responsables envers les créanciers en touchant leurs lots dans le partage. Ils seront seulement forcés à rapporter d'après les règles ordinaires des transactions qui sont faites en fraude des créanciers (Loi du 30 nov. 1874 §§ 60, 61).

Le partage se fait ordinairement dans la pratique en un jour. C'est l'homologation par le tribunal du partage consenti entre le veuf et les héritiers.

Si les enfants sont mineurs et dans la garde du conjoint survivant, et si leurs lots ne peuvent être payés sans entraîner la réalisation des meubles et immeubles indispensables pour le père (ou la mère) pour leurs affaires ou leur usage journalier, la créance des enfants sera hypothéquée sur les meubles et immeubles restés en la possession du conjoint (Loi du 30 nov. 1874 § 63).

Il va de soi que les dettes du défunt sont payées avant les legs, et les legs avant les héritiers.

Les dettes passent dans l'ordre suivant : 1) les frais funéraires ; 2) les créances qui ont leur source dans les contrats consentis par l'administration de la masse ; 3) les frais de justice ; 4) la dîme ; 5) les créances de l'État chez les receveurs ; 6) Après ces créances sont payés concurremment : les loyers des appartements pour un an avant les impôts, les gages des domestiques, le salaire des ouvriers, des artisans, des journaliers pour un an. Dans cette catégorie sont encore quelques créances spéciales, dont il serait trop long de traiter. 7) Les créances des pharmaciens, des médecins, des garde-malades, des sages-femmes pour la dernière année.

Ensuite les simples créances sont payées au marc le franc.

Les créances hypothécaires sont payées sur les immeubles grevés.

X. — Actions.

La procédure dans les affaires pénales est essentiellement différente de la procédure des affaires civiles.

La poursuite des crimes est l'affaire de l'Etat. La personne lésée peut porter plainte, mais c'est l'affaire des fonctionnaires publics de décider s'il y a lieu de poursuivre.

L'instruction préliminaire se fait par la police. Celle-ci peut arrêter la personne soupçonnée d'un crime, mais seulement pendant 24 heures.

Avant l'expiration des 24 heures après l'arrestation, le prévenu doit être examiné par un juge. Celui-ci doit décider par un jugement motivé si l'arrestation doit être maintenue ou non. Le prévenu peut tout de suite interjeter l'appel de ce jugement.

Quand la police a terminé l'instruction préliminaire, celle-ci est continuée par le juge d'instruction. Cette instruction est secrète, la personne victime du crime ne peut comparaître ni se faire représenter par un avoué. Le prévenu ne peut non plus se faire assister par un avocat dans le cours de l'instruction criminelle. Cependant il a le droit de consulter un avocat pour la question de la légalité de son arrestation.

Quand l'instruction est terminée, le procès-verbal est remis au préfet qui décide s'il y a lieu d'abandonner la poursuite ou de la maintenir. Dans le dernier cas, deux avocats sont nommés d'office pour fonctionner l'un comme accusateur public, l'autre comme défenseur.

La personne victime du crime n'a aucune influence sur l'action pénale, qui peut être abandonnée malgré sa protestation, si le préfet juge qu'il n'y a pas lieu de poursuivre.

Cependant, dans quelques crimes, la loi dispose que la poursuite criminelle peut avoir lieu seulement quand la personne victime du crime porte plainte.

La réparation du dommage causé par le crime est naturellement due à la personne lésée. Ce droit est un droit civil qui peut être poursuivi indépendamment de l'affaire criminelle. Mais la personne lésée peut aussi se faire représenter dans le procès criminel par l'accusateur public. On ne permet pas à la personne lésée de se porter partie civile dans le procès criminel. Elle doit se contenter d'être représentée par l'accusateur public qui requiert non seulement l'application de la peine, mais qui conclut aussi à ce que le préjudice soit réparé. Les dommages-intérêts sont alors alloués par le même jugement qui décide dans la cause criminelle.

En ce cas, la partie civile n'a point de frais à supporter et ce mode de procédure est, en conséquence, considéré comme un bénéfice.

Il est cependant subordonné à certaines conditions. Il est de principe que l'action pénale ne doit pas souffrir de retard à cause des dommages-intérêts. Si la cause pénale est en état d'être jugée tandis qu'il peut avoir des doutes sur la réparation due à la victime du crime, le jugement statuera seulement sur la peine en réservant les droits de la partie civile. C'est encore une condition que la partie civile doit être directement lésée par le fait punissable. Dans une affaire de vol le propriétaire de la chose aura des dommages-intérêts, si la chose ne peut pas lui être restituée. Mais l'acheteur de bonne foi, qui a dû livrer la chose volée, n'aura pas des dommages-intérêts dans l'affaire criminelle.

Quelques actions pénales sont abandonnées à la poursuite des parties lésées sans que l'Etat intervienne. C'est le cas pour les délits de diffamations, d'injures, de coups qui n'ont pas occasionné des blessures, etc. Ces actions sont soumises aux mêmes règles que les actions civiles.

Pour les actions civiles, la distinction entre les actions pétitoires et possessoires est inconnue. Toutes les actions sont soumises à des règles uniformes.

Il faut que le demandeur ait un intérêt né et actuel.

Si le demandeur n'est pas capable, il faut qu'il soit assisté par son curateur. S'il est mineur, son tuteur doit agir pour lui.

Il faut que le demandeur ou les demandeurs soient clairement indiqués dans l'exploit introductif d'instance, afin que le tribunal puisse les condamner à payer les dépens de l'instance à l'adversaire, s'il y a lieu.

Dans les causes ordinaires, une tentative de conciliation doit précéder le procès, et le demandeur doit justifier que cette tentative a eu lieu ou que le défendeur, dûment appelé, a fait défaut.

Si cette preuve n'est pas produite, le tribunal se refuse à statuer sur le fond.

La tentative de conciliation se fait devant des commissions de conciliation ; cependant dans les causes sommaires, la tentative de conciliation a lieu devant le tribunal saisi de l'affaire.

Le délai pour comparaître est une semaine si le défendeur est domicilié dans le ressort du tribunal. S'il demeure en Danemark mais en dehors du ressort du dit tribunal, le délai est de deux semaines.

Si le défendeur demeure à l'étranger, le délai est fixé par le président du tribunal. Dans les affaires sommaires les délais sont de trois jours ou d'une semaine ; en cas d'urgence le délai peut être en certains cas abrégé par ordonnance du tribunal saisi de l'affaire.

Les parties peuvent toujours plaider personnellement sans l'assistance d'un conseil.

Le tribunal doit statuer sur les demandes et ne peut statuer que sur les demandes.

Les jugements doivent toujours être accompagnés de motifs et prononcés en audience publique.

La cause criminelle est toujours indépendante de l'action civile. La maxime que le criminel tient le civil en état, est inconnue. Cependant dans la pratique, la partie qui doit prouver obtient facilement une remise de la cause, si la constatation de certains faits pertinents fait l'objet d'une instruction criminelle.

XI. Organisation judiciaire et compétence.

D'après la loi fondamentale, les juges sont inamovibles. La loi fait exception pour les juges qui ont atteint l'âge de 65 ans. Ceux-ci peuvent être congédiés par le gouvernement mais sans perte de leur traitement.

La règle de l'inamovibilité ne s'applique pas aux juges qui sont aussi chargés de fonctions administratives. Il s'en suit, que la plus grande partie des juges de première instance peuvent être mis à la retraite. En première instance ce sont seulement les juges des tribunaux qui se composent de plusieurs juges, qui sont inamovibles. Le nombre de ces tribunaux est restreint. Dans la règle le tribunal se compose d'un juge unique, qui est en même temps chargé de fonctions administratives.

Les traitements des juges sont déterminés par la loi et à la charge de l'État.

Le tribunal de commerce de Copenhague, qui connaît aussi des affaires maritimes, se composent d'un président qui est jurisconsulte, et de juges élus par un comité désigné à cet effet. Cependant le choix doit être confirmé par le Roi.

Les tribunaux maritimes dans les villes de province du Danemark se compose du juge ordinaire et de deux assesseurs experts dans les affaires maritimes.

Les juges du commerce et les juges de la marine ne reçoivent aucun traitement.

L'organisation des tribunaux est différente à Copenhague et dans le reste du Danemarfi.

A Copenhague les tribunaux de première instance se composent de plusieurs juges. Il y a un tribunal civil, un tribunal de commerce et un tribunal criminel. Le tribunal délibère valablement quand cinq juges sont présents.

Le jury n'existe pas. Les causes criminelles sont jugées

par le tribunal criminel. Il est appelé le tribunal criminel et de police de Copenhague et il décide en appel non seulement dans les affaires criminelles, mais aussi dans une grande quantité d'affaires privées qui sont qualifiées affaires de police.

En dehors de Copenhague les tribunaux de première instance se composent d'un juge unique.

Il convient de signaler spécialement les tribunaux de partage. L'administration des faillites et des successions est confiée aux tribunaux dits de partage. Ils font la distribution de la masse, etc. Cette distribution est en conséquence un acte judiciaire susceptible d'appel.

Les affaires militaires sont du ressort des tribunaux militaires qui sont organisés pour chaque affaire. Les juges sont des militaires.

Il y a en Danemark quatre cours d'appel, à Copenhague, à Viberg, à Reykjavik pour l'Islande et dans les Indes occidentales à Ste-Croix. La dernière cour se compose d'un juge unique. Les trois autres se composent d'un président et de plusieurs conseillers. Les cours d'appel jugent dans les affaires criminelles comme dans les affaires civiles.

Enfin il y a à Copenhague une cour suprême, qui juge en fait et en droit, dans toutes les affaires qui lui sont soumises, les affaires militaires seules exceptées.

Les affaires ordinaires sont jugées par les tribunaux civils et criminels de Copenhague et dans le sud du Danemark par le tribunal du lieu.

Mais il y a beaucoup d'exceptions.

Les affaires d'une valeur au-dessous de 200 Kroner sont jugées à Copenhague par une chambre du tribunal civil, spécialement désignée pour juger ces affaires.

Les affaires commerciales et maritimes sont du ressort du tribunal de commerce de Copenhague.

Le tribunal criminel et de police de Copenhague juge dans les affaires qualifiées par les lois affaires de police notamment : les affaires entre les maîtres et les domestiques ;

entre les patrons et les journaliers, les compagnons ou les apprentis ; entre les fabricants et leurs employés ; les affaires concernant des injures verbales et des voies de fait de peu d'importance ; les affaires de dommages-intérêts pour avoir fait ce qui a été défendu par jugement ; quelques délits de chasse et de pêche.

Cette énumération n'épuise pas les cas ; beaucoup d'autres affaires sont en vertu de lois spéciales soumises à la compétence des tribunaux de police.

En province les affaires d'une valeur inférieure à 200 Kroner sont jugées par le tribunal ordinaire ; seulement la procédure est moins coûteuse et plus simple. Le juge à l'obligation de veiller aux intérêt de la partie qui se présente sans avocat.

Il en est de même dans les tribunaux de police.

Il n'y a point de ministère public. Les affaires criminelles sont plaidées par des avocats désignés d'office. L'un d'eux est accusateur, l'autre défenseur. Cependant il est permis à l'inculpé de se faire représenter par un avocat de son choix.

La procédure est faite par écrit, à l'exception du tribunal de commerce de Copenhague et de la cour suprême, où la procédure est orale.

Nous avons dit plus haut que dans les affaires au-dessous de 200 Kroner et dans les affaires de police, le tribunal avait le devoir de guider la partie qui n'a pas d'avocat. Dans les autres affaires, le tribunal n'a aucune intervention dans la procédure.

C'est aux parties et à leurs avocats de diriger la procédure.

C'est à eux de décider, si telle ou telle preuve doit être produite ; ils n'ont pas le droit de demander au tribunal, si elle est nécessaire. Néanmoins au tribunal de commerce de Copenhague, les parties ont le droit de provoquer un jugement interlocutoire sur le fardeau de la preuve.

Si une partie demande une remise de la cause pour prouver ce qui n'est pas pertinent, cette remise lui sera refusée par le tribunal.

Les inconvénients de cette organisation de la procédure ont été sentis quand il y a lieu à une enquête à l'étranger. Le tribunal étranger ne voulait admettre l'enquête, que si elle était autorisée par le tribunal danois ; celui-ci ne pouvait le faire, attendu que la question de savoir si une preuve est nécessaire et comment elle doit être permise étaient abandonnées aux parties. On a remédié à cet état de choses par une loi du 18 décembre 1897. D'après cette loi, la partie plaidante peut demander au tribunal d'adresser une commission rogatoire au tribunal étranger.

Si une partie désire faire une enquête en Danemark pour en faire ensuite état au cours d'un procès à l'étranger, le cas ne présente aucune difficulté. La partie demanderesse comparaît, fait assigner son adversaire et les témoins qu'elle désire faire entendre. Le tribunal examine seulement, si l'adversaire et les témoins sont dûment assignés et si le procès existe réellement. L'audition des témoins aura lieu si la partie adverse ne comparaît pas pour s'y opposer. Pour s'opposer à l'audition des témoins, la partie adverse doit établir que l'audition des témoins n'est d'aucun intérêt dans le procès, parce que le tribunal étranger n'y aura aucun égard.

L'exécution des jugements en matière pénale ne regarde pas les tribunaux ; elle est confiée à l'administration.

XII. — **Appels.**

L'appel est l'unique moyen admis pour attaquer des jugements, même des jugements par défaut. La procédure d'opposition est inconnue. Si le défendeur dûment appelé ne comparaît pas, il est censé n'avoir aucune objection à la demande, et il est condamné pourvu qu'il ne résulte pas des pièces mêmes, produites par le demandeur, qu'il n'est pas dans son droit.

Comme la non-comparution entraîne des conséquences si graves pour le défendeur, les tribunaux examinent avec la plus grande sollicitude, si l'assignation lui a été dûment communiquée.

Etant donné que la cour suprême juge en fait et en droit, il y a dans la règle trois degrés de juridiction. Cependant, à Copenhague, il n'y en a que deux. Les tribunaux de Copenhague se composant de plusieurs juges, leurs jugements sont déférés directement à la cour suprême. Par exception certaines causes émanant d'autres tribunaux sont également portées directement devant la cour suprême. C'est le cas, quand le tribunal refuse ou admet la requête en déclaration de faillite et quand il refuse ou confirme un concordat (Loi sur les faillites du 29 mars 1872 §§ 43, 44, 140).

Pour être soumise à la cour d'appel, la contestation doit porter sur une valeur de 20 kroner au moins ; pour être déférée à la cour suprême, cette valeur doit être de 200 kroner.

La question de compétence ne peut être portée en appel que si la cause au fond a la valeur susdite

Les jugements préparatoires ou interlocutoires ne peuvent être portés en appel que conjointement avec l'appel du jugement définitif.

Les délais d'appel, qui courent ordinairement de la date de la prononciation du jugement, sont de 4 mois pour les jugements de première instance, et de 6 mois pour les jugements des cours d'appel.

Ces délais sont abrégés dans certaines affaires.

Les affaires privées de police doivent être déférées à la cour d'appel dans un délai de quatre semaines à partir de la signification du jugement, et à la cour suprême dans un délai de 3 mois de la signification de l'arrêt de la cour d'appel. A Copenhague, les affaires de police doivent être portées devant la cour suprême dans un délai de 4 semaines.

Les jugements du tribunal de commerce de Copenhague doivent être frappés d'appel dans un délai de 2 mois. (Loi 19 février 1861 § 53). Les affaires commerciales jugées par les tribunaux de première instance en dehors de Copenhague doivent être déférées à la cour d'appel dans un délai de 8 semaines, et à la cour suprême dans un délai de 6 mois. (Loi 15 janvier 1817 § 4).

Les décisions de tribunaux de partage doivent être frappées d'appel dans un délai de 12 semaines (Loi 29 mars 1872 § 141). Le délai est de six semaines seulement, s'il s'agit d'une déclaration en faillite ou de la validité d'un concordat.

Tandis qu'en règle générale les délais d'appel courent de la prononciation du jugement, il en est autrement des délais abrégés. Dans la procédure ordinaire les parties ne sont point appelées pour entendre la prononciation du jugement. Elles ont à s'enquérir elles-mêmes. Dans les tribunaux de police et dans les affaires commerciales les parties doivent être averties de la prononciation du jugement. Si cette formalité a été observée, les délais d'appel courent de la prononciation du jugement. Si elle a été omise, il faut admettre qu'on peut interjeter appel dans les délais ordinaires comptés de la prononciation du jugement.

Les délais courent contre l'Etat et contre les mineurs de même que contre les majeurs.

Après l'expiration des délais, l'appel est encore possible, mais seulement en vertu d'une autorisation royale. Cette autorisation n'est accordée que pour des motifs graves. La loi détermine les délais dans lesquels l'autorisation peut-être donnée. Ces délais sont différents pour différentes causes. Pour les jugements du tribunal de commerce de Copenhague, le délai est d'une année et 6 semaines après la prononciation du jugement. Le délai expiré, aucun appel n'est possible.

Si une autorisation est donnée pour interjeter l'appel après l'expiration des delais ordinaires, la partie doit s'en prévaloir dans les 4 semaines de la date de l'autorisation.

L'effet de l'exploit d'appel est de suspendre l'exécution du jugement.

Le principe de l'appel est de corriger les erreurs du tribunal inférieur. Il s'en suit, qu'on devrait à la rigueur exclure de la cour d'appel tout ce qui n'a pas été soumis au tribunal inférieur. Telle est en effet la règle. Cependant il est admis qu'on peut, en vertu d'une autorisation royale, se servir de nouvelles preuves en appel. Cette autorisation est facilement accordée, et en pratique elle est souvent superflue, parce que la partie adverse donne son consentement à la production de nouvelles preuves, en renonçant à exciper du défaut d'autorisation.

Le cas est bien différent, il s'agit en appel de nouvelles demandes, de l'allégation de faits qui ont été inconnus au tribunal inférieur, de nouveaux moyens, ou de nouvelles défenses. Dans ces cas on peut à la vérité obtenir une autorisation royale. Mais cette autorisation n'est que difficilement accordée, et la faute commise dans la direction de la cause en première instance est le plus souvent irréparable.

La tierce opposition est inconnue, ainsi que l'opposition proprement dite. Si une personne est laisée par un jugement, elle doit l'attaquer en appel. D'après la règle : *res judicata jus facit inter partes, aliis nec prodest nec obest*, on devrait arriver à la conclusion qu'une tierce personne n'aurait jamais qualité pour attaquer un jugement, quand elle n'a pas été partie en première instance. Les tribunaux admettent cependant qu'une tierce personne peut interjeter appel, lorsque l'exécution d'un jugement serait en fait préjudiciable à ses intérêts.

Les juges peuvent être pris à partie et condamnés à des dommages intérêts, s'ils se sont rendus coupables d'erreurs graves dans leur jugement. Le juge est alors assigné en appel conjointement avec la partie adverse.

Pour les affaires criminelles, l'Etat se charge de l'appel même s'il est interjeté uniquement dans l'intérêt du prévenu. Quand le jugement a été prononcé, il est signifié au condamné par la police, avec sommation de déclarer s'il veut acquiescer au jugement. En cas de négative, la cause est portée à l'audience par les soins de l'Etat. Un accusateur et un défenseur sont nommés d'office.

Si le prévenu renonce à l'appel le jugement est exécuté et la cause est terminée. Si le prévenu est absous, il n'y a pas de délai d'appel. Les erreurs judiciaires en matière pénale sont heureusement si rares, que nous n'avons pas des règles dans la loi pour de tels cas. Ils se sont cependant présentés, et on a alors eu recours à une ordonnance royale, autorisant la cour suprême à examiner et à juger l'affaire.

XIII. — **Frais judiciaires. Intérêts.**

Dans les affaires ordinaires, les plaideurs sont obligés à payer des droits pour les divers actes de la procédure. Il y a des taxes, fixées par la loi pour l'autorisation d'assignation pour la mise au rôle, pour les remises, etc. Les actes du procès doivent être écrits sur du papier timbré. Les honoraires de l'avocat ne sont pas fixés par la loi.

Le jugement qui termine le procès, décide aussi la question des dépens. Quoiqu'il y ait une tendance à faire supporter les frais du procès par la partie perdante, on peut dire qu'en règle générale chaque partie supporte ses frais dans les procès douteux. Devant la cour suprême, les dépens sont supportés par l'appelant si l'arrêt attaqué est confirmé.

Toutefois les dépens sont toujours mis à la charge de la partie qui succombe, si le procès est basé sur un acte illicite. C'est une jurisprudence constante, que lorsqu'il s'agit d'injures ou de diffamation, la partie qui s'en est rendu coupable doit toujours payer les dépens.

La somme, qui doit être payée comme dépens est fixée par le tribunal dans le jugement même.

Le tribunal estime le montant équitable de la compensation à laquelle a droit la partie gagnante. Cette somme est néanmoins le plus souvent insuffisante. Elle ne couvre le plus souvent que les taxes et une partie des honoraires de l'avocat. Un dédommagement complet n'est accordé que lorsqu'il s'agit du payement d'une lettre de change ou lorsque la partie s'est obligée par écrit à dédommager complètement son adversaire en cas de procès. En ce cas les taxes et le coût du papier timbré sont payés intégralement. Quant à la somme portée en compte pour honoraires de l'avocat, elle pourra être réduite par les tribunaux, si les honoraires paraissent excessifs.

Quand une personne s'est refusée à payer sa dette, elle sera condamnée à payer cette dette avec des intérêts qui courent du commencement du procès ; les intérêts légaux sont de 5 %.

Il va sans dire que cette règle ne reçoit son application que lorsque le débiteur ne s'est pas obligé spécialement à payer des intérêts. S'il a contracté une telle obligation, il doit la remplir ; ce ne sont pas alors des frais judiciaires.

Les conventions peuvent librement stipuler l'intérêt à payer pour tout prêt ou toute dette qui n'est pas garantie par une hypothèque. Pour les dettes hypothécaires, l'intérêt légal est de 4 % et la perception d'intérêts plus élevés est qualifiée d'usure par la loi. Cependant la permission de payer des intérêts à un taux plus élevé, jusqu'à 6 %, est accordée par l'administration sans difficulté à la demande du débiteur.

XIV. — **Saisies.**

Les saisies et les exécutions sont confiées à un magistrat spécial appelé prévôt du roi, « *Kongens Foged* ». Si quelqu'un se croit être lésé par ses procédés, il n'a d'autre recours que la voie de l'appel. Le prévôt du roi est en conséquence un vrai tribunal composé d'un juge unique. Le prévôt du roi est en règle générale, la même personne que le juge du tribunal de première instance, excepté à Copenhague, où c'est un magistrat spécial.

La partie qui veut faire pratiquer une saisie ou procéder à

une exécution forcée s'adresse au prévôt du roi. Il lui présente une requête, à moins qu'il s'agisse de l'exécution d'un jugement. En ce cas, la remise du jugement suffit.

Après avoir examiné la requête, le prévôt du roi décide s'il veut pratiquer la saisie ou faire l'exécution. S'il s'y décide, il le communique au requérant. Le prévôt se rend alors avec le requérant au lieu de la saisie ou de l'exécution, qui est le plus souvent, mais pas nécessairement, la demeure du défendeur. La présence du requérant est nécessaire.

Pour les exécutions, le prévôt du roi examine si le jugement ou le titre exécutoire est en due forme. Le plus souvent la cause ne présente aucune difficulté, le droit du requérant étant incontestable. Il en est autrement dans les cas de saisies préalables. La formule même de la requête contient la soumission du requérant d'indemniser le prévôt du roi de toute responsabilité pour la saisie. Ceci suffit dans beaucoup de cas, cependant le prévôt du roi peut exiger que le requérant donne caution pour les dommages-intérêts qui pourraient résulter de la saisie, si elle n'est pas confirmée par le tribunal.

Le défendeur n'a aucun droit à être averti de la visite du prévôt. Il pourrait abuser d'un tel avertissement pour vendre ses effets au détriment du créancier. Si le défendeur n'est pas chez lui et si on n'ouvre pas, le prévôt fait ouvrir lui-même. S'il proteste contre la saisie, le prévôt décide. Dans le principe aucune remise n'est accordée au défendeur ; néanmoins dans la pratique on lui accorde quelquefois une remise de quelques heures pour faire appeler un avocat.

Comme on n'accorde aucun sursis au défendeur pour fournir des preuves, l'instruction du procès est nécessairement incomplète. Le prévôt doit décider néanmoins, s'il veut opérer la saisie ou s'abstenir ; cependant il a le droit de déclarer la cause douteuse et de décider qu'il ne peut opérer la saisie qu'à la condition que le requérant fournira une caution. Le prévôt peut exiger une caution dès le commencement et avant de se transporter chez le défendeur, car la présence du prévôt peut nuire au crédit du défendeur. Quand le défendeur s'est expliqué, la cause peut cesser d'être douteuse, parce qu'il reconnaît les faits affirmés dans la requête. Par contre, elle peut devenir moins certaine, et le prévôt peut alors exiger une augmentation de la caution fournie préalablement. La caution consiste, le plus souvent, en titres ou valeurs cotées à la Bourse, qui restent en la possession du prévôt jusqu'à ce que l'affaire ait reçu sa solution définitive.

L'effet de la saisie-arrêt est d'empêcher le défendeur de disposer des effets saisis ou de donner valablement quittance de la créance saisie entre les mains du tiers.

Elle ne donne aucun privilège, elle n'empêche pas d'autres créanciers de faire exécution sur les effets saisis et elle perd sa force, si le débiteur tombe en faillite.

La saisie-arrêt doit-être validée par le tribunal. En conséquence c'est le devoir du requérant d'assigner le défendeur sans délai à comparaître devant le tribunal compétent, qui jugera alors de la confirmation de la saisie. Si le requérant ne le fait pas, la saisie-arrêt est considérée comme non avenue.

On peut saisir le mobilier du débiteur et les créances qui lui sont dues. Dans le dernier cas la saisie-arrêt est notifiée au débiteur du débiteur saisi, pour empêcher que celui-ci le paie.

Si le jugement annulle la saisie, le créancier saisissant est condamné aux dommages-intérêts.

On peut pratiquer des saisies-arrêt pour toutes sortes de créances. Un commencement de preuve suffit pourvu que le créancier fournisse la caution nécessaire pour indemniser le défendeur, si celui-ci est dans son droit.

Les objets saisis restent dans la possession du débiteur saisi, cependant l'argent et les obligations sont remises au prévôt du roi. Le défendeur qui dispose des effets saisis est puni comme escroc.

XV. — **Exécutions.**

Les exécutions sont faites par le prévôt du roi, mentionné dans le chapitre XIV.

Le plus souvent l'exécution a lieu en vertu d'un jugement. Le demandeur en ce cas remet au prévôt une copie authentique du jugement. Le prévôt se transporte chez le débiteur et fait saisir ce qui est nécessaire pour satisfaire à la créance; les objets sont pour cette raison évalués par le prévôt et ses témoins. Si le défendeur fait des objections, le prévôt juge. Les décisions du prévôt peuvent être portées devant la cour d'appel, mais le défendeur ne peut pas par ce moyen retarder la marche de l'exécution. Le demandeur est mis en possession des objets pour les faire vendre à son profit. La vente se fait dans certaines formes, introduites pour sauvegarder les intérêts du débiteur, notamment pour empêcher que les objets soient vendus à vil prix. La vente se fait par le directeur des auctions, qui est en réalité un tribunal. S'il surgit des contestations il décide et ses décisions peuvent seulement être attaquées par la voie de l'appel.

Il reçoit le produit de la vente et paye ensuite le créancier demandeur. S'il s'agit d'un immeuble, il fait la répartition entre les différents créanciers hypothécaires.

Quand l'exécution se fait en vertu d'un jugement, le prévôt se règle sur le dispositif de ce jugement. Le prévôt n'a pas à critiquer le jugement mais est obligé de l'exécuter, même dans le cas où il est évidemment erroné. Cependant si le jugement est obscur, le prévôt est compétant pour l'interpréter. Les jugements étrangers ne sont pas exécutoires, à l'exception des jugements suédois qui le sont en vertu d'un traité.

Dans le but d'éviter les procès, il est ordonné que le demandeur doit faire précéder son assignation d'une tentative de conciliation. Si cette tentative aboutit à une transaction, celle-ci est exécutoire. Cette force exécutoire appartient aussi aux transactions conclues au cours du procès et consignées dans le procès-verbal du tribunal. Bien qu'il soit dit dans la loi que ces transactions doivent avoir les mêmes effets qu'un jugement en dernier ressort, ces mots ne peuvent être pris au pied de la lettre. Si le défendeur prétend que la transaction est nulle parce qu'il est mineur, parce que la transaction a été conclue en son nom par une personne sans mandat, ou par toute autre raison, c'est au prévôt à décider.

Par une loi du 29 mars 1873 § 15, la force exécutoire a été accordée aux créances hypothécaires, pourvu que le débiteur se soit soumis à cette condition et qu'il ait signé l'obligation par devant notaire ou en présence de deux témoins. L'exécution dans ce cas peut se faire sur l'immeuble hypothéqué et sur ses accessoires, mais ne pourra s'étendre aux autres objets appartenant aux débiteurs. Elle peut être faite seulement quinze jours après l'échéance de la dette et le débiteur doit être averti trois jours d'avance.

Si le défendeur prouve qu'il a fait appel du jugement, le prévôt s'abstient. Il faut néanmoins que l'exploit d'appel soit valable.

Par exception, des jugements peuvent être exécutoires par provision nonobstant appel. C'est le cas pour les jugements prononcés par les cours et tribunaux qui ne sont subordonnés qu'à la cour suprême. Cependant le créancier pourra alors être obligé à fournir caution pour garantir le défendeur dans le cas où celui-ci aura gain dans la cour suprême.

Les jugements qui obligent le débiteur à payer une somme d'argent perdent leur force exécutoire une année et six semaines après le prononcé du jugement.

Il en est autrement si le jugement ordonne que quelque chose soit fait. Les jugements de cette espèce doivent fixer un terme, dans lequel le défendeur doit s'exécuter et ajouter une amende pour chaque jour, ou si les circonstances le justifient, pour chaque semaine de retard. Les trois quarts des amendes sont retenues provisoirement pour servir comme dommages-intérêts pour le demandeur, s'il y a lieu. Le quart restant des amendes est versé dans la caisse pour les pauvres. Il en sera même ainsi pour la totalité des amendes, si le demandeur a obtenu satisfaction d'autre manière.

C'est au demandeur à requérir l'exécution. Le prévôt saisit alors ce qui est nécessaire pour payer les amendes. Si le défendeur ne possède rien, il est mis en prison. Si le défendeur allègue qu'il lui est impossible de faire ce que le jugement lui a ordonné, et qu'il le prouve d'une manière suffisante, ou s'il fournit caution pour les dommages-intérêts éventuels, la saisie est suspendue. Mais le défendeur doit alors entamer un procès et prouver le fondement de son allégation. Si le défendeur persiste dans son inaction, le demandeur peut le poursuivre devant le tribunal de justice pour le faire condamner en dommages-intérêts.

Le débiteur est tenu de remplir ses obligations sur tous ses biens meubles et immeubles.

L'exception la plus importante à ce principe est la loi du 29 mars 1892 § 160 qui déclare insaisissables les objets servant au couchage du saisi, de sa femme et de ses enfants vivant avec lui, ainsi que leurs habits nécessaires. Il est permis, encore au débiteur de se réserver des objets d'une valeur de 20 kroner et, s'il est père de famille, de 60 kroner.

Par des lois spéciales certains revenus sont déclarés insaisissables, notamment les pensions dues par l'Etat (arrêt de la cour suprême du 28 Novembre 1879), et la solde des militaires Art. 24 Février 1734, loi 21 Mars 1874 § 2).

Enfin les tribunaux reconnaissent que, lorsque les capitaux ont été donnés ou légués et sous réserve d'insaisissabilité par le donateur ou le testateur, ces conditions doivent être respectées.

L'exécution peut se faire en l'absence du défendeur. Le prévôt se fait ouvrir par force, il a le droit de visiter les meubles du débiteur. Si celui-ci est présent, le prévôt peut pratiquer la visite corporelle s'il est soupçonné d'avoir caché de l'argent, des obligations ou d'autres effets de valeur. Le défendeur est tenu de déclarer conformément à la vérité ce qu'il possède. S'il cherche à soustraire à l'exécution ce qu'il possède, il est poursuivi criminellement et jugé comme escroc.

Les articles 6, 14, 7 du Code permettent au propriétaire d'expulser le locataire qui refuse de déménager, malgré un congé régulier, et d'expulser les personnes, qui se trouvent dans un immeuble sans y avoir aucun droit.

Le propriétaire s'adresse alors au prévôt en lui présentant sa requête et les pièces a appui. Si le défendeur fait des objections, le prévôt décide, et en cas de doute demandera caution. Quand le prévôt donne raison au demandeur, il procède de suite à l'expulsion.

Le demandeur n'est pas obligé de faire valider l'expulsion par le tribunal. Elle est définitive, si le défendeur ne poursuit pas son droit, en déférant la décision du prévot à la cour d'appel. Si le requérant a fourni une caution, il ne peut la retirer que lorsque l'expulsion est devenue définitive et que les délais pour appeler sont expirés.

Quoique la loi ne parle que des immeubles, la pratique admet une procédure analogue pour des navires et autres biens meubles dont l'identité peut être facilement constatée, par exemple les fiacres, machines à coudre, etc.

Enfin cette même procédure expéditive est admise, si des parents ou tuteurs prétendent que leurs enfants ou pupilles sont indûment détenus par d'autres personnes. Le mari au contraire n'a aucun moyen légal pour forcer sa femme, qui ne veut pas cohabiter avec lui, de retourner chez lui.

Les jugements étrangers ne sont pas exécutoires et il n'existe pas de peines pour les rendre exécutoires. Cependant ils sont respectés en ce sens que le défendeur n'est pas admis à faire valoir les exceptions qui ont été débattues et repoussées par le tribunal étranger. Celui-ci est considéré comme ayant terminé le différend, si le défendeur s'est défendu ou s'il a été valablement assigné suivant les principes de la législation danoise.

Comme selon les principes de la procédure danoise, l'instruction du procès est abandonnées aux parties et à leurs avocats, on ne connaît pas des jugements préparatoires pour ordonner des expertises ou des enquêtes. La partie fait assigner son adversaire pour la nomination d'experts ou pour faire entendre des témoins. Le juge nomme les experts, mais le sujet de l'expertise est indiqué par la partie qui requiert l'expertise. Si les parties sont d'accord sur les questions à adresser aux témoins et aux experts le tribunal n'a rien à décider, hormis le cas où les témoins ou les experts se refuseraient à répondre. Ces cas sont très rares. Ce serait alors aux parties à provoquer une décision du tribunal.

Si les questions posées aux témoins ou aux experts portent sur des faits qui ne sont pas pertinents, la partie adverse, au lieu de provoquer une décision sur la position de la question, préférera faire valoir dans le procès de l'enquête ou l'expertise produite n'a aucune valeur.

XVI. — **Des preuves.**

Quoique la loi ne permette pas ordinairement aux parties de demander au tribunal de les guider quant aux preuves qu'il est nécessaire de fournir, les règles du fardeau de la preuve sont cependant d'une grande importance.

Quand il est constaté qu'une obligation a été contractée, le défendeur doit prouver qu'elle est éteinte par payement, par donation, par novation, etc. Mais la circonstance que le demandeur a remis de l'argent au défendeur, n'est pas suffisante pour prouver une obligation, si le défendeur prétend que l'argent lui a été donné. Si le défendeur reconnaît avoir reçu un objet du demandeur mais prétend qu'il a payé comptant, il faut examiner, si c'était l'usage de payer comptant dans de telles circonstances. En ce cas c'est au demandeur de prouver, qu'une obligation a été contractée, en d'autres termes, qu'il y avait une vente à crédit.

Le demandeur doit prouver non seulement qu'il y a eu une obligation, mais aussi, de quelle espèce est l'obligation. Si le demandeur prétend que la marchandise est vendue, tandis que le défendeur soutient qu'il l'a reçue en consignation, c'est au demandeur de prouver.

Si les parties ne sont pas d'accord sur le prix d'achat, le demandeur doit prouver qu'il a vendu à un prix plus élevé, que celui qu'avoue le défendeur. Mais si aucun prix n'a été convenu, bien qu'il soit constaté qu'il y a achat, le défendeur doit prouver que le prix réclamé par le demandeur excède le prix ordinaire pour de tels achats.

Si le défendeur prétend n'être pas lié par l'obligation parce qu'elle est entachée de dol, ou parce qu'il est mineur, c'est à lui de le prouver.

Si le défendeur se refuse à payer, parce que la prestation du demandeur est vicieuse, il faut distinguer si le défendeur a reçu la prestation ou s'il l'a refusé ; dans le dernier cas, c'est au demandeur à prouver qu'elle est irréprochable et qu'il en a fait l'offre au terme convenu. Si le défendeur a reçu la marchandise, il doit prouver qu'elle n'est pas conforme au contract.

S'il s'agit de dommages-intérêts, c'est au demandeur à prouver le dommage subi et son montant. Mais si la chose a été remise au défendeur c'est à lui de prouver, comment elle a été perdue et qu'on ne pourra lui imputer la perte.

Dans le procès de revendication, il suffit que le demandeur prouve sa possession antérieure. C'est alors au défendeur de prouver comment il est devenu propriétaire.

Pour pouvoir hériter, il faut prouver que le *de cujus* est mort et que l'héritier lui a survécu. Il s'ensuit que lorsque deux personnes meurent en même temps sans qu'il soit possible de prouver laquelle a survécu, il n'y aura pas de dévolution entre elles.

Pour les testaments, il ne suffit pas de prouver qu'un testament a existé. On présume que le testament qui ne se retrouve pas a été détruit et révoqué par le testateur. De même, si on trouve un testament dans lequel il y a des altérations, on présume qu'elles sont faites par le testateur.

Si le demandeur ne fournit aucune preuve et s'il est vraisemblable qu'il ne sera capable de fournir aucune preuve, il se pourra que le défendeur avoue l'obligation, mais ajoute des circonstances qui pourraient le libérer. En ce cas, on modifie les règles de la preuve en faveur du débiteur. Le demandeur affirme avoir prêté au défendeur telle somme. Mais il ne produit aucun reçu ni aucune autre preuve. Le défendeur convient du prêt, mais prétend avoir payé, mais lui aussi ne fournit aucune preuve. Au lieu de condamner directement le défendeur, le demandeur sera forcé d'affirmer sous serment qu'il n'a pas été payé.

La question de savoir si la preuve a été fournie est abandonnée à la sagesse des tribunaux. Il y a très peu de présomptions légales. On admet la présomption que l'enfant de la femme mariée est l'enfant du mari, mais cette présomption peut fléchir devant la preuve que cette filiation est impossible dans l'espèce.

DE LA PREUVE LITTÉRALE.

L'acte authentique fait foi en justice. En principe, la preuve contraire est admise contre un tel acte, comme elle l'est contre tout autre élément de preuve. Cependant, il va de soi que, dans ce cas, on peut difficilement fournir la preuve contraire autrement que par une instruction criminelle.

Pour avoir force probante, l'acte authentique doit se rapporter à un registre officiel et être une copie de celui-ci. C'est la règle générale. On admet cependant que d'autres attestations ont une valeur semblable, par exemple l'attestation d'un ministère portant que telle cession a été accordée ou qu'une lettre a été expédiée. Il faut, dans ces cas, que la personne qui a souscrit le document ait une connaissance personnelle du fait qu'elle atteste.

Pour les actes sous seing privé, ils ont force probante, s'ils sont reconnus par la personne qui a signé. Il n'est pas nécessaire que le document soit écrit en entier de la main de celui qui le souscrit ; il n'est pas même nécessaire qu'il porte écrit de sa main, le « bon » ou « approuvé ». La signature suffit. Si on produit dans un procès un document signé par une tierce personne, il faut prouver que le document est sincère, lorsque l'adversaire le désire. Cependant on fait exception dans certains cas. Aussi lorsqu'il s'agit de rendre compte il suffit de produire les quittances. Il faut que l'adversaire prouve ou rende du moins vraisemblable que les quittances sont fausses.

C'est une règle importante que lorsqu'un document est produit dans un procès, et que le prétendu signataire ne reconnaisse pas la signature, il sera tenu de prêter serment. Le texte du serment portera qu'il n'a pas signé ni permis à un autre de signer avec son nom. Il ne lui est pas permis de dire qu'il ne se souvient pas d'avoir signé, ni de prétendre qu'il n'a pas eu connaissance du contenu du document quand il a signé.

Quand le signataire prétend que le document a été falsifié, il est tenu de déclarer quelles sont les falsifications. On ne tient aucun compte de sa protestation si l'état du document constate qu'une telle falsification est impossible puisqu'il n'y a aucune trace de rature etc. Si au contraire la falsification est possible, le signataire sera admis à affirmer sous serment qu'il n'a pas signé le document dans son état actuel.

Si le signataire n'est pas en état de prêter serment parce qu'il est aliéné ou pour défaut de santé ou pour toute autre raison, la partie adverse est admise à affirmer sous serment la sincérité du document, pourvu qu'elle ait produit quelques preuves à cet effet.

La pratique ne fait pas beaucoup de cas des dires des experts en graphologie.

Quand il s'agit de documents anciens, les règles ci-dessus exposées fléchissent naturellement. Le tribunal doit alors examiner, s'il est probable qu'ils sont sincères ou s'ils sont faux..

La règle que les documents privés n'ont pas de date certaine n'est pas admise par la pratique. On présume au contraire que le document a été signé au jour qu'il indique lui-même.

Les copies authentiques fournissent la preuve que le document qu'elles produisent a réellement existé, et qu'il était de la même teneur que la copie. Bien entendu cela ne prouve rien quand à la sincérité de l'acte copié.

DE LA PREUVE TESTIMONIALE.

La preuve testimoniale est admise devant tous les tribunaux et dans toutes affaires sans aucune exception En principe, on admet qu'un fait est prouvé par le témoignage concordant de deux témoins irréprochables.

Le témoignage doit porter seulement sur les faits que le témoin a appris par sa propre expérience. Ce qu'il sait, par ce que lui auront dit d'autres personnes, n'a pas de valeur comme témoignage. On admet cependant des exceptions. Ainsi il n'est pas nécessaire que les témoins aient été présents à la célébration d'un mariage, ni qu'ils aient assisté à la naissance d'un enfant. Il suffit qu'ils aient connu intimement les conjoints et que leur mariage ait été notoire. Il en est de même de la filiation.

C'est un devoir de déposer comme témoin, lorsqu'on est régulièrement cité. Le témoin doit avoir quinze ans pour pouvoir être admis à prêter serment. Il ne doit pas avoir été condamné pour vol, escroquerie, faux, banqueroute frauduleuse.

Dans les procès civils le mari et la femme, les parents ou alliés des parties en ligne directe, les frères et sœurs et leurs enfants ne pourront être assignés comme témoins. A cette règle il y a cependant une exception capitale. Le but du législateur a été de forcer les parties à se procurer des témoins non suspects. Il s'en suit que la règle ne pourra être appliquée dans les causes, où il n'était pas possible de se procurer d'avance des témoins. Quand il s'agit de contrats, il est possible de s'assurer des témoins irréprochables, et c'est alors un devoir de le faire ; s'il s'agit d'injures ou d'autres faits dommageables, la situation n'est pas la même ; il faut bien se servir de ceux qui sont par hasard présents. Ils peuvent alors être assignés et leur témoignage est valable. Il n'y a de défense absolue que pour les conjoints et ce par la raison que leurs intérêts pécuniaires sont intimement liés et que nul ne peut-être assigné comme témoin dans sa propre cause.

Dans les affaires criminelles, aucune excuse n'est admise. La femme est forcée à déposer contre son mari, les enfants contre leur parents et réciproquement. On doit la vérité à la justice.

Il est défendu aux avocats de déposer en matière civile sur des faits que leur clients pourront leur avoir confié, et qui concernent le litige. Les fonctionnaires publics et les membres des chambres ne sont pas entendus, quand ils pourront par leurs réponses trahir les secrets de l'Etat. Dans les enquêtes, le rôle du juge est moins passif que dans la procédure ordinaire. Ce sont les parties et leurs avocats qui rédigent les questions, mais le juge doit s'assurer si les témoins ont bien compris.

Une enquête régulièrement faite peut servir de preuve, non seulement dans le procès dont s'agit, mais aussi dans d'autres procès.

DES EXPERTISES.

Quand les juges n'ont pas eux-mêmes les connaissances nécessaires pour juger d'un fait ou de la qualité d'une chose, on a recours à une expertise. Il faut alors que les experts soient désignés par le tribunal. La partie qui veut recourir à une expertise assigne son adversaire pour entendre nommer des experts. Au point de vue de la forme, c'est un procès spécial. La partie demanderesse rédige les questions à adresser aux experts. Le défendeur peut s'opposer à la rédaction des questions et c'est alors au juge à décider. Il peut aussi se contenter de faire ses réserves, quitte à plaider dans le procès principal que l'expertise ne porte pas sur des faits pertinents.

Les experts fixent le temps et le lieu pour l'expertise et somment lesp arties de se présenter pour faire leurs observations. Ensuite les experts rédigent leur mémoire par écrit et se présentent au tribunal pour affirmer sous serment qu'ils ont fait l'expertise consciencieusement. Ils peuvent alors être examinés par les parties, pour constater s'ils ont agi conformément au mandat qui leur a été donné, s'ils ont répondu d'une manière complète aux questions qui leur ont été adressées, etc. Si le tribunal trouve l'expertise défectueuse, il ordonne aux experts de compléter leur expertise ou même d'en faire une nouvelle. La partie qui est mécontente du résultat de l'expertise peut enfin demander une contre-expertise par quatre experts. Les nouveaux experts fonctionnent alors comme une cour d'appel. Ils confirment ou infirment le résultat des premiers experts. Ils sont sous le contrôle du tribunal, de la même manière que les premiers experts.

DES PRÉSOMPTIONS.

L'enfant de la femme mariée est présumé l'enfant du mari. C'est une présomption légale qui fléchit seulement quand l'impossibilité est établie.

Une autre présomption est que l'acte sous seing privé a été signé par la personne dont le nom figure comme signature. Elle a pour effet que le signataire ainsi présumé doit se libérer par serment.

Quand la preuve n'est pas complète, mais cependant suffisante pour établir une probabilité, il y a une présomption de fait. Son effet est, que l'une ou l'autre des parties est autorisée à prêter serment.

DE L'AVEU.

Le code 1-15-1, dit que si une personne avoue en justice ce dont on l'accuse, cette déclaration ne peut être révoquée.

La règle est la même au criminel comme au civil. Cependant au criminel le tribunal doit examiner, si on peut se fier à l'aveu de l'inculpé, s'il est en harmonie avec les autres faits constatés dans la cause.

Au civil, l'aveu en justice est décisif, qu'il soit donné par la partie elle-même ou par son avocat. La partie n'est pas admise à désavouer la déclaration de l'avocat.

L'aveu extraordinaire donné *animo obligandi* lie la partie et sera en règle générale décisive.

Si un aveu est constaté, la partie qui l'a fait pourra prétendre qu'elle a déclaré ce qui n'était pas la vérité, qu'elle l'a fait pour se vanter, ou pour se jouer de la personne, avec qui elle parlait. Mais un tel aveu sera toujours d'une certaine importance, parce qu'il faut présumer que la personne qui a parlé s'est conformée à la vérité.

DU SERMENT.

Le serment litisdécisoire est inconnu. Aucune partie ne peut forcer l'adversaire à prêter serment.

Il n'y a question de serment que lorsque les preuves sont insuffisantes, et c'est alors le tribunal qui l'autorise. Cela se fait par le jugement qui finit le procès. Ce jugement est en ce cas alternatif. Si le défendeur prête le serment rédigé par le jugement, le demandeur est débouté ; si le demandeur prête le serment que lui impose le jugement, le défendeur est condamné.

D'après les principes, le demandeur à qui incombait l'obligation de faire la preuve, devait perdre le procès si la preuve lui fait défaut. En ce cas le tribunal ordonne à la partie adverse de confirmer sa dénégation par serment. Si elle s'y refuse elle perd le procès. Il en est autrement, si elle ne peut prêter serment, pour cause d'insanité d'esprit ou pour quelque autre raison légitime. Cependant dans ces cas et si la présomption est bien juste, les tribunaux autorisent la partie qui doit prouver, à compléter la preuve par serment.

Dans certains cas on a recours au serment, sans qu'il y ait une présomption véritable. Nous avons déjà rencontré un cas : celui où le prétendu signataire d'un acte sous seing privé, est forcé de prêter serment, s'il prétend que la pièce est fausse.

Il en est de même du prétendu père d'un enfant naturel. La simple déclaration de la mère que le défendeur est père de l'enfant suffit pour forcer celui-ci à se libérer par serment. Il faut qu'il jure qu'il n'a pas eu de relations intimes avec la demanderesse à une époque qui rendrait possible la fait de la filiation.

XVII. — **Vices des contrats.**

Les règles sur les vices du contrat sont celles qui sont universellement reconnues dans la jurisprudence et qui sont exposées dans cet ouvrage pour ce qui concerne la Belgique.

Cependant la loi danoise n'autorise pas l'annulation d'une convention pour cause de lésion.

XVIII. — **Privilèges et hypothèques.**

Dans l'intérêt du tiers de bonne foi la loi est peu disposée à accorder des privilèges et à se départir de la règle que tous les créanciers ont un droit égal sur les biens de leur débiteur. Cependant la loi admet des privilèges comme des hypothèques.

LES PRIVILÈGES.

Les privilèges n'ont un intérêt pratique qu'en cas d'insuffisance d'actif. Il faut donc parler ici des règles d'après lesquelles les tribunanx de partage font la distribution de la masse.

Les créances suivantes sont privilégiées :

1) Les frais de justice faits dans l'intérêt de la masse.

2) Les frais funéraires modestes, mais convenables.

3) Les créances qui ont leur origine dans les contrats conclus par la masse, par exemple le coût des procès fait par la masse, les frais de conservation pour des objets appartenant à la masse.

4) La dîme, mais seulement pour la dernière année.

5) Les impôts dus à l'Etat ou à la commune pour un temps de deux ans et trois mois.

6) Les créances de l'Etat et des communes et de certains établissements publics contre les fonctionnaires chargés d'encaisser leurs revenus.

7) Le loyer des appartements et autres locaux pour un an avant le commencement de la faillite.

8) Le salaire des gens de service pour une année avant la faillite et pour l'année courante.

Le mot gens de service est pris dans le sens le plus large. Non seulement les commis, mais les gouvernantes, les professeurs des enfants entrent dans cette catégorie. Il faut en excepter cependant les capitaines de navire et les marins, les ouvriers de fabrique, les compagnons, les apprentis et les journaliers qui sont soumis à des règles spéciales.

9) Le payement dû aux ouvriers de fabrique, aux compagnons et apprentis et aux journaliers pour du travail fait dans la dernière année avant la faillite.

10) Les créances des pharmaciens pour des médicaments.

11) Les honoraires des médecins.

12) Le salaire des sages-femmes et des gardes-malades.

Quand la masse ne suffit pas à payer toutes les créances privilégiées, elles sont payées d'après les régles suivantes :

Les frais de justice nommés sous *A* priment toutes les autres créances.

Les frais funéraires sont préférés aux créances énumérées sous nos 3-12 et les créances sous no 3 aux créances nos 4-12.

Les créances sous nos 5 et 6 priment les créances nos 7 et 12.

Les créances sous nos 7-9 ont un droit égal mais sont préférées aux créances nos 10-12.

DES HYPOTHÈQUES.

L'hypothèque est un droit réel par lequel certain immeuble déterminé est affecté à l'acquittement d'une obligation.

L'hypothèque légale est celle qui se fonde sur la volonté de la loi, sans que le consentement du débiteur soit nécessaire.

Une telle hypothèque légale est accordée à l'Etat et aux communes pour les impôts dont sont frappés les immeubles.

Les femmes mariées et les mineurs n'ont point d'hypothèque légale. L'Etat, les communes et certains établissements publics ont à la vérité une hypothèque légale ou un privilège — voir privilège no 6 — mais ce privilège est restreint, quant aux immeubles, d'une telle manière qu'il rentre presque dans la catégorie des hypothèques conventionnelles. C'est que la nomination du fonctionnaire est transcrite sur le registre hypothécaire. La dette que le fonctionnaire pourra avoir contractée en sa qualité do comptable est alors préférée aux hypothèques qu'il pourra avoir consenties après sa nomination, tandis que les hypothèques antérieures à la nomination n'en souffrent pas.

L'hypothèque conventionnelle est consentie par le débiteur pour garantir l'acquittement de sa dette.

Il n'est pas nécessaire qu'elle soit constituée par acte authentique, d'autant plus qu'un faux est assez difficile à pratiquer parce que l'hypothèque doit être transcrite sur les registres hypothécaires, et est de cette manière livrée à la publicité. Cependant c'est l'usage qu'elle est consentie par devant notaire ou en présence de deux témoins, attendu que seules les hypothèques constituées sous ces formes ont force exécutoire.

Les registres hypothécaires sont arrangés de sorte que chaque immeuble est désigné par son numéro et qu'une part du registre lui est affectée. Il s'ensuit que l'acte hypothécaire doit indiquer le numéro de l'immeuble. Sans cela le conservateur des hypothèques ne peut pas enregistrer l'hypothèque à sa place.

Quand un acte hypothécaire est présenté au conservateur des hypothèques, celui-ci a le devoir de rechercher si des droits antérieurement constitués doivent être préférés à l'hypothèque en question. Si cela est le cas, il fera mention de ces droits sur l'acte hypothécaire avant de le rendre au propriétaire. S'il trouve au contraire que l'hypothèque est dûment constituée, en ce sens qu'elle n'est primée que par les hypothèques légales susmentionnées ou par des droits antérieurs que le créancier déclare dans l'acte même vouloir respecter, l'acte hypothécaire sera rendu au créancier avec la simple mention qu'il a été transcrit sur les registres hypothécaires.

Le conservateur des hypothèques est tenu de garantir que l'acte hypothécaire donne en réalité la sécurité dont s'agit. S'il se trouve dans la suite que l'hypothèque est primée par des droits antérieurement constitués et dont le conservateur a négligé de faire mention sur l'acte en le rendant, le conservateur est passible de dommages-intérêts. Par ce moyen la personne qui prend l'acte hypothécaire comme gage peut être assurée que l'hypothèque est primée seulement par les droits mentionnés dans l'acte même ou dans l'expédition du conservateur des hypothèques.

Cependant le devoir du conservateur des hypothèques doit se borner à faire la recherche nécessaire dans ses registres et à mentionner s'il y a dans les registres mentionnés quelque chose qui peut préjudicier l'hypothèque. Il n'a aucun moyen de contrôler si l'acte est faux, si le signataire de l'acte est majeurs, etc.

DROITS RÉELS SUR LES MEUBLES.

Le droit danois permet d'hypothéquer les biens meubles. Cependant cette faculté est maintenant assez restreinte. Auparavant on pouvait donner en hypothèque la totalité de ses biens meubles, quand l'acte était transcrit en temps utile sur le registre hypothécaire où une page était attribuée à chaque débiteur. Cette faculté a été abolie par une loi du 25 mars 1872.

Maintenant pareille hypothèque ne peut plus être consentie que sur des biens meubles spécifiés dans l'acte. Elle n'a pas une grande importance pratique parce qu'elle est, en cas d'insuffisance d'actif, primée par tous les créances priviligiées énumérées ci-dessus sous n°s 1-12. Elle n'est préférée qu'aux simples créances non priviligiées.

Il en est autrement quand une chose mobilière est donnée en gage. En ce cas le créancier peut se faire payer sur son gage indépendamment de la faillite et sans respecter les créances privilégiées dont nous avons fait mention.

DROITS RÉELS SUR LES NAVIRES ET LES CARGAISONS.

Les navires sont meubles. Cependant ils sont sous quelques rapports assimilés aux immeubles. Par une loi du 1er avril 1892, un registre a été établi pour les navires et il a été ordonné que la vente d'un navire et la constitution d'hypothèque sur un navire étaient valables seulement lorsqu'ils avaient été transcrits sur le registre. Le directeur du registre a des devoirs analogues à ceux du conservateur des hypothèques pour les immeubles. Cependant l'hypothèque dûment enregistrée sur un navire est primée par les prêts à la grosse et les autres créances qui sont d'après la loi maritime privilégiées sur le navire.

La loi maritime (article 268) accorde un privilège sur le navire et le frêt aux créances ci-dessus mentionnées.

1) Les droits de pilotage, sauvetage ou les dépenses pour racheter le navire de l'ennemi.

2) Les gages du capitaine et de l'équipage.

3) Les contributions pour la grosse avarie ou autres contributions analogues, les prêts à la grosse, la créance du propriétaire de la cargaison pour les marchandises vendues pendant le cours du voyage pour les besoins du navire.

4) Les créances qui se fondent sur des obligations contractées par le capitaine, comme tel, et les dommages-intérêts provenant d'un contrat, contracté par l'armateur, mais qui devait être rempli par le capitaine ; réparation du dommage causé par faute ou négligence du capitaine ou de l'équipage ; la créance du capitaine pour ce qu'il a avancé ou qu'il s'est obligé à payer pour les besoins du navire.

Les créances mentionnées dans l'article 268 sont payées dans l'ordre indiqué pour autant qu'elles ont leur origine dans le même voyage. Les créances portées sur le même numéro ont un droit égal, il faut remarquer cependant que si les créances *sub* 1 et 3 n'ont pas leur origine dans le même sinistre, la dette plus récente prime la dette plus ancienne. La créance du dernier voyage prime celles d'un voyage antérieur ; cependant le capitaine et l'équipage conservent leur privilège sur le navire pour les derniers 12 mois, même si le navire a fait plusieurs voyages.

Si le navire est vendu par autorité publique, ou parce qu'il a été dûment déclaré irréparable, le privilège cesse, mais le créancier a alors privilège sur le prix d'achat, tant qu'il n'est pas payé. Si le na ire est vendu par une vente volontaire il continue d'être grevé des créances mentionnées dans l'article 268.

Un privilège sur la cargaison est accordé aux créances suivantes :

1) Le droit de sauvetage et les dépenses pour racheter la cargaison, de l'ennemi.

2) Les contributions à la grosse avarie dues par la cargaison, et des contributions analogues.

Les prêts à la grosse, et les créances des propriétaires de cargaison ;

3) Les créances, fondées sur des obligations que le capitaine a contractées comme tel pour le compte des propriétaires de la cargaison ; les créances du capitaine pour ce qu'il a lui-même avancé ou s'est obligé de payer pour la cargaison.

4) Le fret, les surestaries et d'autres dommages intérêts pour retard de chargement et de déchargement.

Les créances sont payées dans l'ordre indiqué ci-dessus. Les créances sous le même numéro jouissent du même droit, les créances sous n°s 1 et 2 cependant seulement si elles sont du même sinistre ; la créance la plus récente est préférée à la créance antérieure.

Le privilège cesse lorsque la marchandise est livrée à l'affrêteur ou au destinataire.

Les créances privilégiées se prescrivent : les contributions à la grosse avarie par un an de la date de la dispache ; les demandes en dommages-intérêts pour cargaison perdue ou détériorée par un an après le déchargement ; toutes les autres demandes en réparation du dommage par deux ans après que le fait dommageable a eu lieu ; toutes les autres créances maritimes par un an après l'échéance. Ceci ne concerne que le privilège sur le navire, le fret et la cargaison. Si le créancier a le droit de se faire payer par l'armateur, le propriétaire de la cargaison ou d'autres personnes, ce droit subsiste après l'extinction du privilège et ne se perd que par la prescription ordinaire qui est de 20 ans.

Les jugements n'ont pas de privilège et ne donnent aucun droit hypothécaire. Un tel droit ne s'acquiert que par l'exécution du jugement qui donne un droit d'hypothèque sur l'objet saisi.

Comme la loi n'ordonne pas que les hypothèques soient constituées, par acte authentique, il s'ensuit qu'elles peuvent être consenties à l'étranger aussi bien qu'en Danemark. D'un autre côté, elles ne sont valables qu'en vertu de la transcription qui doit nécessairement avoir lieu en Danemark. Il n'y a donc pas lieu de distinguer entre les hypothèques consenties en Danemark et à l'étranger.

La femme mariée étrangère, le mineur étranger ne pourront jamais prétendre à une hypothèque légale sur les biens du mari ou du tuteur en Danemark, puisque la loi n'accorde pas un tel privilège aux nationaux.

XIX. — **Des sources du droit.**

Le droit danois repose toujours sur le Code du roi Chrétien VI du 14 août 1683. Cependant la plus grande partie de ce Code a été modifiée par des lois plus récentes. La jurisprudence des tribunaux n'est pas admise comme source de droit. Cependant, dans la pratique la cour suprême se décide difficilement à changer l'interprétation du droit qu'elle a consacré par un arrêt.

Il serait impossible d'énumérer les lois qui pendant des siècles ont modifié le Code. Nous citerons quelques lois des plus importantes.

DROIT CIVIL.

Ordonnance du 12 mars 1730 borne l'hypothèque sur les intérêts échus à un an, si le créancier n'a pas poursuivi.

Ordonnance du 28 juillet 1841 sur l'hypothèque des meubles.

Loi du 7 mai 1880 sur les lettres de change.

Loi du 1er mars 1889 sur les registres commerciaux et les firmes.

Lois du 7 mai 1880 et du 7 avril 1899 sur le mariage et sur la capacité de la femme mariée.

Ordonnance du 21 mai 1895 sur les successions.

Loi du 29 décembre 1857 sur les successions.

LA PROCÉDURE CIVILE.

Ordonnances du 10 juillet 1795, sur les commissions de conciliation.

Ordonnances du 3 juin 1796 et du 16 janvier 1828 sur l'organisation de la procédure.

Ordonnance du 6 août 1824 sur les affaires de petite valeur.

Ordonnance du 8 mars 1799, loi du 14 juin 1830 sur les affaires de la police.

Loi du 25 mars 1872 sur les faillites.

Loi du 29 mars 1873 sur les exécutions.

Loi du 9 avril 1897 sur les caractères publiques.

Loi du 19 février 1861 sur les tribunaux de commerce.

Ordonnance du 25 janvier 1865 sur les cours d'appel.

Inst. du 7 avril 1771 sur la cour suprême.

DROIT PÉNAL.

Une loi complète qui a tout à fait abrogé le code est, du 10 février 1866.

LOI MARITIME.

Loi du 1er avril 1892 contient une codification du droit maritime. Elle a été préparée par une commission scandinave. Elle est conforme aux lois de la Suède et de la Norwège.

Une autre loi du 1er avril 1892 donne des règles plus spéciales pour l'enregistrement des ventes des navires et des hypothèques des navires.

PREMIÈRE PARTIE

DU

DICTIONNAIRE PRATIQUE DE DROIT COMPARÉ

FASCICULES PARUS :

I. — Belgique et Luxembourg.
II. — France et Monaco.
III. — Angleterre.
IV-VII. — Roumanie.
VIII. — Pays-Bas.
IX. — Danemark.

DEUXIÈME SÉRIE

—

FASCICULES PARUS :

La Syrie.

L'Alabama. — Les Indes Néerlandaises.

AVIS. — Une table détaillée établira par ordre alphabétique la concordance des matières pour chaque partie.

www.ingramcontent.com/pod-product-compliance
Ingram Content Group UK Ltd.
Pitfield, Milton Keynes, MK11 3LW, UK
UKHW021057230726
13926UKWH00004B/1893

9 782019 131043